特別の教科

道徳

板書で見る
全時間
の授業のすべて

中学校 **1**年

田沼茂紀 編著

東洋館
出版社

まえがき

　今、中学校の道徳科が熱い。平成27（2015）年３月の学校教育法施行規則改正に伴う小・中学校学習指導要領一部改正によって、昭和33（1958）年９月より60年余の足跡を刻んできた我が国の特設「道徳の時間」が「特別の教科　道徳」＝道徳科へと移行転換した。その教育目標、内容、指導法等の特質から「特別の」という冠は載せられてはいるものの、各学校の教育課程編成においてはれっきとした教科教育として位置付けられたのである。この道徳科への移行転換は、学校教師、保護者のみならず、その授業の主人公である生徒たちにとっても有意味な学びをもたらすこととなったのである。

　道徳科、この新たな特別の教科がもつ意味はとてつもなく大きい。なぜなら、それまでの各学校における道徳教育推進や道徳の時間の指導実態を思い起こしていただければ明白である。まず、教科書がない。それに、せっかく熱心に指導したとしても、そこでの学びのよさを学習評価してそれを生徒に伝えたり、通知表や指導要録に記録として留めたりすることで次の新たな学びへ発展させるといった学習継続性を担保することも求められてこなかった。

　進学時の内申書等にも関係しない年間35時間、ただでさえ教科指導時数不足や取り組むべき喫緊の教育課題山積で悩む中学校において、そんな裏付けのない道徳の時間を大切に指導する教師は「熱心さ」を通り越してその頭に不謹慎な２文字が付くような奇特な人といったイメージすらもたれていたのである。それが「特別の教科　道徳」として教科教育に位置付けられて検定済み教科書も無償配布され、学習評価も求められるようになると、教師は俄然やる気スイッチを全開にして取り組みはじめたというのが偽らざる実相であろう。

　その理由は、簡単なことである。言うまでもなく、道徳科には他教科のように担当するための教員免許状は不要である。ソクラテスをはじめ、多くの先人が語っているように、学校教育は人格形成を究極目的とする道徳教育そのものである。その人格形成に必要な教員免許状を取得する際、誰一人例外なく教職科目を共通して学ぶのである。つまり、担当教科の前に道徳教育を学んでいるのである。

　だから、「なぜ教師になろうとしたのか」と問われれば、多くの教師は生徒の人格的成長の過程を共に歩みたいからと即答するのである。今般の道徳科への移行転換は、多くの教師にとって自らの原点を再度自問する「自己内対話」の機会となったのである。だから今、中学校の教師は道徳科に熱い眼差しを向け、それぞれのスタンスで道徳科と関わろうとしている。これからの道徳科の発展が楽しみである。

　さて、本書刊行の意図はここにある。教師個々が教職として自己実現を果たすには、当然ながらそれに係る専門性や指導スキルが不可欠である。それを年間の全授業の全体像が見える板書のみでなく、教材を最大活用するための指導ポイントを丁寧に解説したのが本書である。

　この一冊が多くの教師の自己実現のための「道標」となることを願っている。

令和４年弥生

編著者　田沼　茂紀

特別の教科 道徳 中学校1年

もくじ

1　1年生の発達の段階に応じた道徳科の授業づくりの考え方

2　令和時代の中学校道徳科授業構想とその展開〈全学年共通〉

3　第1学年における道徳科授業の展開

A　主として自分自身に関すること

4 特別支援学級における道徳科授業の展開

本書の活用に当たって

本書の各事例を、各学校で生かしていただくために、各ページの活用に際しては、特に次のことにご留意ください。

取り上げている教材について

本書では、各事例を先生方に幅広く参考としていただけるように、道徳教科書を発行している全ての教科書会社ではありませんが、そのうちの5社の各教科書に掲載されている教材であるとともに、多くの教科書に掲載されている教材や定評のある教材をできるだけ選ぶように努めました。

なお、同一の教材でも、教科書によって、教材名、教材文中の登場人物の名前、文章表現、使用する学年等が変わっていることがあります。

教材の出典について

活用の参考となるように、各事例で用いる教材の出典を教材名の右上に五十音順で記載しました。道徳教科書については令和2年度版の検定済教科書によっていますが、版によって収録される教材が入れ替わる場合もありますのでご留意ください。

なお、「出典」の略記は、それぞれ下記出版社の教科書を表しています。

学研：学研教育みらい　　　教出：教育出版　　　東書：東京書籍
日文：日本文教出版　　　光村：光村図書

著作権上の規定について

各学校においては、各地域で採択された教科書を使用していることと思います。授業において、生徒用に配布されていない教科書に掲載されている教材を活用する際には、著作権上の保護規定にくれぐれもご留意ください。

各事例で用いる用語について

道徳の授業展開や板書に関わる各用語については、編著者のほうである程度統一を図りましたが、各執筆者が日常の実践の中で用いる用語も大切にして書いていただいています。したがって、例えば、黒板に貼る文字を書いた「文字短冊」についても、「文字カード」「板書カード」「フラッシュカード」等、事例によって表現が異なる場合もあります。ご承知の上、ご活用ください。

なお、第4章では、特別支援学級の当該学年段階で、特に、知的障害や発達障害のある生徒を対象として指導に生かすことを想定した参考事例を2点掲載しています。各学級の生徒の実態を的確に踏まえ、柔軟に活用してくださるようお願いします。

本書活用のポイント

本書は、「特別の教科」である道徳科の授業の年間標準時数に当たる全35時間分の主題について、板書のイメージを中心に、教材名と主題名、本時のねらい、本時の展開などを合わせて見開きで構成しています。各事例に示す各項目のポイントは次のとおりです。

教材名と主題名

まず、各授業で生かす中心教材と、その下段に示した道徳の内容項目及び、学習テーマとしての主題名を確かめましょう。
教材が掲載されている教科書の出版社名も、教材名の右に示しています。

本時のねらい

中学生の発達の段階を踏まえ、どのようなことをねらいとして本時の授業を行うのかを明確に示しています。
その上で、使用する教材の要旨を紹介し、どのようにして内容項目に迫っていくのかを示しています。

学習課題の明確化

授業を通して個別の問いの解決を図る「学習課題」を設定します。この課題について考え、議論することを通して、共通解を出し合い、自分の考えを深める（納得解を得る）構成です。教材の特徴を捉え、いかに生徒が自分事にできる課題とするかがポイントです。

教材名　　　　　　　　出典：日文
私らしさって？

主題 自分の意志をもつこと
A(1)自主、自律、自由と責任

本時のねらい

自ら考え、判断し、実行し、自己の行為の結果に責任をもつことは道徳の基本であり、一人の人間として誇りがもてるようになる。しかし、中学1年生の時期は、周囲を気にして他人の言動に左右されてしまうことも少なくない。
小学校時代に友人のアキの影響を受けて積極的に活動してきた主人公のユウコ。中学校ではアキと別のクラスになったために、自分に自信をもつことができず、自分の意見を言う機会が減ってしまっていた。ユウコの言動を批判的に考えさせることから学習課題を捉えさせ、ユウコがどのように生きていけばよいかという問題解決的な学習から、自分の意志をもって自主的に生きることの素晴らしさに気付かせていく。

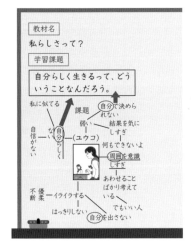

本時の展開 ▷▷▷

1 学習課題を設定する

必須発問①
中学校でのユウコの言動について、どう思うか。

教材全体を通して、中学校でのユウコの言動についてどう思うかを考えさせることにより、どこに問題があるかを生徒に捉えさせる。その際に、ペアや小集団での対話を通して、問題点を多面的・多角的に考えさせることが大切である。
そして、生徒が導き出した問題点を本時の学習課題とする。ユウコの他者を頼りにする姿勢や周囲の反応を気にする態度などが問題点として出されると予想されるので、「ユウコはどうしたらよいのか」という問題解決的な視点で学習課題を設定する。

2 共通解を考える

中心発問
ユウコが「ユウコらしく」行動することができるようになるためにはどうすればよいだろうか。

❶で立てた学習課題を解決するための発問とする。教材の最後の場面でのアキの言葉「ユウコらしくないよ」という言葉を捉えて、ユウコらしく行動するとはどういうことかを多面的・多角的に考えさせる。
生徒からは、「自分に自信をもつ」「周囲を気にしない」といった発言が予想されるが、「そのように変わるためには何が必要ですか」といった追発問をすることにより、共通解を導き出すきっかけとしたい。うわべの解決で終わらないようにすることが大切である。

本時の展開

生徒の学びは、学習課題に出合ったときに抱く個別の道徳的問いを踏まえて道徳教材や他者との協同的な語り合い・学び合いをすることで共通解を導き出し、その共通解に照らしながら生徒一人一人が考えを深めることで納得解を得るというプロセスを経ます。
そこで、本書では「学習課題を設定する」「共通解を考える」「納得解と向き合う」という3ステップを設定し、「必須発問①」「中心発問」「必須発問②」を軸として授業展開例を示すことで、自分事としての課題探求型道徳科授業の実際をイメージできるようにしています。

＊板書内掲載のイラストは、（一部を除き）出典として挙げている教科書掲載の写真やイラストを参考資料として、新規に描き起こしたものとなります。

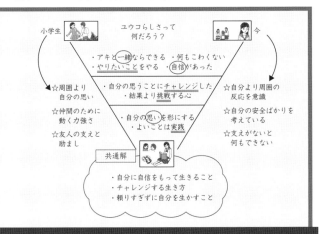

3 納得解と向き合う

必須発問②
ユウコの悩みの解決から、自分自身の言動についてどんなことを気付いたり考えたりしたか。

　終末に主人公のユウコと自分自身の考え方や行動を比較し、これまでの自分自身を客観的に見つめさせるとともに、問題解決的な学習を通して学んだことから何を得たかを深く考えさせる時間を設定する。
　多くの生徒は、自分に自信がもてないユウコに共感するとともに、どのように変わっていけばよいかという納得解を授業の中で獲得している。できるだけ多くの生徒に発言させたり、ICT端末で共有したりして、他者理解を図ることも大切である。

| よりよい授業へのステップアップ |

思考ツールを活用する
　本時の授業は、主人公であるユウコの悩みを生徒が主体的に解決するという授業展開である。主体的に解決していくためには、「問い」の設定が極めて重要になる。導入でユウコの言動のどこに問題があるかを話し合うが、その際に「思考ツール」を活用する。問題点を分類したり、関連付けたりすることを効果的に行うためである。Xチャートやイメージマップなどを使った可視化された意見を基にした対話活動を行うことにより、生徒の問題解決への意欲が必ず高まっていく。

板書の目的は生徒が自らを見つめ、自らの道徳的価値観を多面的・多角的に拡げ深めていくためのものであり、次の3つの役割に集約することができます。
A．生徒に学習の見通しをもたせる。
B．生徒自身が自らの道徳的価値観を拡げ深められるようにする。
C．生徒が自らと自己内対話しながら価値あるものを納得して受容する。
こうしたことから、本書では黒板で例示しているものの、ホワイトボード、模造紙等々のアナログ学習ツール、タブレットやプロジェクターで投影したデジタル学習ツールであっても差し支えない点に留意が必要です。また、板書する方向も教師の考え方次第ですので、本書では「横書き」の板書例、「縦書き」の板書例のいずれかを提示しています。
いずれの板書にも共通することは、「教材名」「学習課題」「共通解」の板書を必須枠として提示し、教材に即しながら生徒一人一人の考えや葛藤を構造的に視覚化するようにしています。

よりよい授業へのステップアップ

「よりよい授業へのステップアップ」では、生徒一人一人が納得解にたどり着けるようにするために必要な着眼点を提示し、教材の活用方法、考え議論するための手立て、ICTの利活用、共通解を引き出す手立て、板書を生かした思考の活性化を促す方法、本時を通じてどのように内容項目に迫っていくか、などを提案しています。

教材の位置付け

教材は大きく「共感的」「批判的」「範例的」「感動的」の4つに分類されます。本書では、それらをバランスよく盛り込み、生徒一人一人が個別の道徳的問いをもてるようにし、それを集団思考によって突き合わせ、語り合わせることでその問いの背景にある道徳的価値への気付きや道徳的価値に対する自らの自覚的理解を問うものとして位置付けています。

1

１年生の発達の段階に応じた
道徳科の授業づくりの考え方

1 生徒がそれぞれの内にある「個別な価値観としての道徳」に気づける

　人が成長するプロセスには、必ず節目となる事柄が介在する。中学生へ進学した子供たちの顔立ちは小学生の頃とあまり変わらないように見えても、凛とした出で立ちの制服姿の内側に秘められた個としての自覚や明確な意志力は確実に変容しはじめている。もちろん、その意志力は何らかの具体性や志向性を伴って確立されているような場合は決して多くはないであろうし、ましてやその意志力を背景に、個としての個性や志を開花させるといった現実性を伴う意味付けや、将来展望的な自らのインデックス整理がなされているわけではない。そんな捉えどころのない、一見すると所在なく彷徨えるエネルギーに満ちた個の心的様相を呈しているというのが、中学校1年生の心と理解するのである。

　ただ、間違いなくそこには思春期特有の人格形成に影響を及ぼす諸要因が厳然と存在し、今日を生き、明日を生きようとする生徒一人一人の未来志向的な意志力は、個の自律的な人生の羅針盤として機能しはじめているのは確かである。それを別の言葉で置き換えるなら、編者は迷うことなく「個別な道徳」と称したい。そして、中学校道徳科では、生徒一人一人の不可逆的で未来志向的可塑性に満ちた「個別な道徳」を受容し、心底励まし続ける役割でありたいと思わずにはいられないのである。

　中学校1年生、あどけなさが残るその言動につい関心も向きがちとなるが、やや大きめな制服に包まれた身体の内面にはナイーブさと愚鈍さとが同居しつつも、しっかりと個性ある自己に向けられた肯定的理解としての「個の眼差し」が確実に成長している。生徒一人一人の道徳性を道徳科でしっかり育むことを視座するなら、この著しい身体的成長と同様にその内面では心的変容作用としての精神面での発達が同時進行していることを十分に踏まえた指導となるよう心がけていくことが何をさておいてもの「肝」となろう。まさに、猫の目のように様変わりする空模様と同様で、捉えどころのないアンバランスな心模様こそ、この発達期の内面を特徴付けるものであると理解しておく必要があろう。

　中学校下学年段階の心理的な特徴についてもう少し言及するなら、この発達段階期特有のものとして先に触れた「自己に対する眼差し」の不安定さが挙げられる。これは不安定状態から安定的な状態へと自己調整しようとする振り子のような生徒自身の内面的な精神バランス均衡化プロセスでもある。その前提となるのが「個別な道徳」である。

　つまり、それまでの成長過程で他律的あるいは自律的に蓄積され、意味付けや問い直しによって自己修正されてきた個としての道徳的価値観への自覚的理解があってこそ、それまで当たり前のように見えていた自分と周囲にいる人々との安定的な関係性の中に生きていると思っていた自分が実はとても心許なく不確かな存在であることに気付きはじめ、社会の一員としての自己存在の意味を自問し、他者と共によりよく生きることの意義と対峙しつつ問答しはじめるのが、この思春期に足を踏み入れた中学校1年生の発達段階としての平均的な姿であろう。

　1年生の教室に足を踏み入れるとまず感じるのは、互いの価値観の差違やズレから生ずる些細な「心のささくれ」である。それは日常的な学校生活の中で表面化したり、潜在化したりしてまるで波間に浮いたり沈んだりしながら不安定に身を委ねる漂流物のようである。頼りなさや所在なさを思わせる反面、時間の流れの中で急に自らの意思を確認するように自己主張したり、若鮎のように全身で突っ張ったりとささくれ立つような一瞬を感じることがある。それは決して心が荒むということではなく、個が自らを自覚的に表明する1場面と受け取れるのである。一見すれば同じ1年生であるが、それは個の集合体であり、十把一絡げにされることへの抵抗感が「ささくれ」となるのである。

2 自らの眼差しで自己の内面をモニタリングしようとする

　中学生にとって、「心のささくれ」とはいったいどんなものなのであろうか。これは本質的には中学生であるとか大人であるとかを問わず、誰しも日々の生活の中で抱える問題でもある。人と人との間に生きる存在としての人間にとって、いつも平常心を保ち続けることなど至難の業である。日々、必然的に発生する対人関係の軋轢や利害関係等で生ずる摩擦等は日常茶飯事である。これらの出来事によって引き起こされる心の揺らぎと内面的な傷つき、これこそが心のささくれの実相である。その禍中で人は自らの感情を掻き乱され、葛藤を繰り返すのである。ましてや中学生なら、めくるめく日々の中で心の揺らぎや内面葛藤を覚えることが日常生活の一部として常態化していよう。これらとどう向き合い、どう克服していくのかという発達的課題は、中学生にとって不可避的な現実問題でもある。

　思春期という多感な時間を生き、友人、家族、様々な人間関係等に翻弄されながらもそれを乗り越えて少しずつ成長していく自分自身の変容を見つめ、自覚化することは自らの内面に個別な価値観を形成していく手続きそのものである。この不可避的な道徳性発達プロセスにおいて必然的に生ずる心のささくれから逃避することなく向き合って乗り越えようとする「自己への眼差し」に気付き、誇れることができるなら、それは正しく自律的な人格成長への学びそのものであろうと考えるのである。

　ならば、道徳科指導にあって留意すべき事柄とは何なのか。それは一言で言えば、「個別最適な自律的道徳学び」を可能にしていくことに尽きよう。なぜなら、内面的成長という側面から捉えると個人差が顕著になる1年生のこの時期、十把一絡げの一律な指導観では「個別な道徳」の確立は不可能だからである。つまり、A君にはA君がそれまでの自らの人生で形成してきた道徳的価値観があり、B子さんにも同様にB子さんの生活体験の中で形成してきた道徳的価値観があり、同級生として同じ教室で机を並べて同じような環境の中で学んでいるC夫くんにもやはりC夫くん固有の道徳的価値観が存在することを肝に銘じた個別な道徳学びの実現を目指していくことが何よりも重要なのである。

3 自己への眼差しの中から「自らの問い」に気付ける

　道徳科で目指すのは学習指導要領「特別の教科　道徳」の第1「目標」に述べられているように、「人間としての生き方についての考えを深める」ことである。その考え深める学習を通して道徳性を自らの内に育みながら、よりよく生きるための「生きる力」の基盤を確立していくところに道徳科授業の意味があり、その中で生徒が「自己の生き方」を改めて問い、自己省察的な学びの中で浮かび上がってきた一人の人間としての自己を自覚化していくところにこそ道徳科の教育的人格陶冶の意義が有意味に機能するのである。そんな視点をもって生徒と日々向き合うなら、中学校1年生という発達期に生きる生徒の「心の育ち」の実相と解決すべき教育的課題とがきっと見渡せるに違いないと考えるのである。そんなときに不可欠なのが、「自らへの問い」とそれに対する「対話」の重要性である。

　「問い」と聞くと、ソクラテス的な問答をイメージする教師も少なくないであろう。道徳科で生徒に問いかける個としての生き方についての問いとは他教科と異なり、まさに「自らへの問い」そのものズバリであろう。そこでの「問い」の特徴は、あらかじめ正答が定まっていないということである。つまり何が正しい解答、何をもってその正しさを証明付ける妥当な根拠を伴って最適解と言えるのか、問う本人も、その傍らで共に解決の糸口を見いだそうと思い悩んでいる級友も容易に探し出すことができない正答のない問いでもある。道徳科における「問い」とは、中学生に限らず全ての人間に問われている「善く生きる」ということの最適解を探し求める根源的命題の探求そのものなのである。

　道徳科で目指す生徒の心の育ちは、自分の人生をよく生きるために正答のない問題集に挑ませる中から生じてくる。ときとして無謀であったり、ときとしてワクワク・ドキドキのスリルとロマンに溢れていたり、それら全ての基は成長可能性をもった「自己への眼差し」からの探求心にあるのである。

1 自分と向き合い自らの「問い」と自己内対話する時間

　中学生になったから特別にということではないが、人は誰しも明日をよく生き、未来をよりよく生きようと志向する成長可能性を秘めた存在である。そして、人は皆それぞれに人格的な成長を遂げていくそのプロセスにおいて、どうしても自己と向き合わざるを得ない場面に度々遭遇する。そこでしばし自らの内面の在り方を自身で問い、自己内対話を重ねながら省察することで新たな道標を見付け、再び歩み出すのである。その際、自らの取るべき態度や目指すべき生き方を選択・決定するのは自分である。人は皆、そうして自らの人生の障壁を一つ一つ乗り越えながら先へ進んでいくのである。

　その根本にある自己内対話という精神活動は何も特別なことではなく、中学校生活という時間軸の中で、空間軸の中で、対人関係軸の中で、状況軸の中で頻繁に遭遇することである。つまり、その道徳的省察の繰り返しが生徒にとっての日常的道徳生活そのものなのである。それらをしっかり踏まえながら意図的・計画的・発展的に授業として構想していくのが、すなわち道徳科である。

　その道徳科では、これまで個の内に形成してきた道徳的価値観を問い直し、吟味・検討を重ねることで新たな価値観創造することが目指すべき目標となる。そんな個の内面的な人格成長を促す道徳科において重要な役割を担うのが対話（dialog）である。単なる会話ではない対話が成立するためには、対話主体と対話客体との間に、共感的理解がなければならない。その共感的理解がなければ、それは個の内に閉じ込められた独白（monologue）に留まってしまうことになる。だからこそ、その対象が他者であれ、自己であれ、対話は内面的成長過程において必要不可欠なものとなるのである。

　道徳科での対話の本質は、自らの既存価値観と新たに受容した道徳的価値との間で調整される自己内対話である。他者対話を通じて手にした新たな道徳的知見と道徳的感情体験とを自己内対話によって自らの価値観に引き比べて吟味・検討し、必要とあれば主体的に更新していく。これこそが道徳学びであり、個の価値観創造の本質である。この自己問答としての哲学的対話を意図する教育活動の場こそ、道徳科である。ならば、他者対話⇒自己内対話⇒価値観創造のプロセスを肝に銘じたい。

2 社会の一員としての自分を自覚してその生き方を深く省察する時間

　先にも触れたように、人間は人と人との間に生きる「間柄的存在」である。ゆえに、そこでは相互の異なる価値観がぶつかり合って摩擦も生ずる。そこで人間は互いにその異なる価値観を摺り合わせ、納得のいく形で調整的に統合して多くの人にとっての望ましさとなる道徳的価値（共通解）を共有し、その摩擦を回避するのである。このような相互にとって望ましい生き方となるよう他者と調整的に摺り合わせ、了解し合える価値合意手続き（moderation）を経ることで不文律的な集団的価値規準を形成する。言わば、社会的通念として暗黙裏に形成され、容認されてきた道徳的価値である。

　しかし、この道徳的価値は経典等によって示された宗教の教義や法律といった明文化された絶対的な性格のものではない。そのときどきの、その社会の構成員の暗黙的合意に基づく可塑性と発展的可能性とを含んだ精神的ものである。道徳科授業では、他者と共によりよく生きるという理想の自己実現を図るために社会の一員として自分の役割を自覚し、積極的に社会と関わり、その構成員全てにとっての望ましさ、"well-being" を希求するための共感的相互理解の場であることが何よりも大切であると考える。

　特に中学校1年生の段階は、小学校から中学校への進学という自らの人生の節目を実感でき、自らの拓かれた未来に向かって夢や希望を膨らませながら内面にある「志」を振起する絶好の時期でもあ

る。そんな生徒一人一人の生き方のよさを励まし、勇気付け、自らの可能性を模索しようとする背中を後押しするような包容力と受容力に満ちたダイナミックな授業構想となるようにしたい。

❸ 道徳的諸価値を問い直して自ら主体的に受容するための時間

　生徒一人一人の道徳的なものの見方・感じ方・考え方としての道徳的価値観は、プライベートで可変的なものである。ゆえに、生徒は日常的道徳生活の中で遭遇する様々な道徳的体験によってそれまで形成してきた個としての道徳的価値観が揺さ振られたり、自らそれをより高次の道徳的価値観へと変容させたりしていく。やはり、その意味でも生徒の主体性が道徳科の中で発揮されるような授業づくりをしなければ、ただ形式的で道徳的知見のみを獲得させるだけのものとなってしまうのである。

　もちろん、その獲得した道徳的知見は道徳知としては蓄積されるが、生徒自身の日常的道徳生活の中で生きて働く力として発揮され得るのかと問うなら、自我関与という点で甚だ心許ないものとなる。生徒が自分事として捉え、考え、判断し、表現できるような論理的思考型の道徳科授業にしていかなければ、生徒一人一人の日常的道徳生活において機能する内面的資質の形成は叶わないであろうし、自分事として役立たない道徳的知見など、いずれ記憶の彼方に押し込められてしまうのである。

①生徒一人一人の道徳学びのための「問い」を引き出す

　道徳科における道徳学習で、まず大切にしなければならないのは、生徒自身の主体的な学びの場の創出である。そのためには、生徒一人一人が道徳科学習へ臨むに際し、個の学びを開始する必然として「問い」をもっていることが何よりも重要である。「問い」のない授業とは、水を欲していない馬を川辺へ連れて行って飲むよう強要するようなものであるに違いない。ならば、生徒が自分事の道徳学習を開始するために教師はどのような手立てを講ずることが可能なのであろうか。この正答のない方程式の解法探しから、道徳科授業は開始されるのである。

②生徒相互の学び合いを「協同学習」で創出する

　個々の道徳的問いを課題追求していくためには、自分とは異なるものの見方・感じ方・考え方に触れることが必要なのは言を俟たない。このような多面的・多角的で拡がりと深まりのある学びの場こそが、生徒一人一人の道徳学習を促進する。道徳科では道徳的諸価値について皆で合意形成するのではなく、互いの価値観を語り合い、摺り合わせ、吟味・検討し合った結果を最終的に自らの価値観形成へ還元する協同的学び（cooperative learning）が学習プロセスとして最重要なのである。

　そのためには、個々の問いから協同学習へと発展させていくための共通学習課題（めあて）の設定が不可欠である。この共通学習課題こそ授業を貫くテーマ発問であり、中心発問と重なり合う道徳科の「肝」となるものである。この協同学習で共有し合う主題に係る道徳的価値の望ましさとしての「共通解」は、個の価値観形成を促進する前提としてなければならない道徳的諸価値理解として機能するのである。

③共通解から個の価値観形成としての「納得解」を紡ぐ時間

　道徳科授業は、主題として設定された価値内容について生徒同士が合意形成する場ではない。道徳的価値を個別に体現した内容項目を手がかりに生徒と教師がよりよい生き方を求めて共に考え、その実践化に向けて語り深め合い、最終的に生徒一人一人が個別に自ら納得できる価値観を形成するところにその本質的な意味がある。つまり、道徳科授業は生徒一人一人が自らの内面にもっている価値受容力を支えにしながら個としての納得解を紡いでこそ、その学びの意味が発揮されるのである。

　言うなれば、生徒は道徳的価値に対して自我関与し、課題解決的な学習（問いがあり、その問いを自ら解決することを目指して価値追求する道徳学びのストーリー）を構想し、自らの個別的な道徳的価値実現をイメージする「自分ならどうするか」という立ち位置を大切にしながら道徳的価値と向き合い、他者との語り合い、道徳的価値理解を自分自身との関わりの中で個別的に深めるのである。

2

令和時代の
中学校道徳科授業構想とその展開

〈全学年共通〉

1 「特別の教科　道徳」誕生の経緯と移行による質的改善

　学校教育の前提である学校教育法施行規則が改正され、新学習指導要領が小学校では令和2（2020）年度より、中学校では令和3（2021）年度より全面実施された。ただ、「特別の教科　道徳」＝道徳科については他教科等に先駆け、平成27（2015）年3月の学校教育法施行規則一部改正で示された「特別の教科　道徳」として小学校では平成30（2018）年度より、中学校では平成31（2019）年度より先行実施されている。そして、初めて検定・採択を経て無償配布された道徳科教科書も、他教科等の改訂学習指導要領と足並みを揃えるため2年間で改訂され、その内容の充実が一層図られて現在に至っていることをまず押さえておきたい。この教科への移行転換で肝心の道徳科授業はどう変化したのかと問われれば、それは3点に及ぶ象徴的な教育課程上の改革として説明できよう。

　1点目は、教員免許状にかかわらず全教師が「特別の教科　道徳」、つまり道徳科を担当するよう措置されたことである。即ち、既に所持している教員免許状の種類にかかわらず全ての教師が担当できる特別の教科となったのである。これは、教育基本法に示された学校教育の究極的目的である生徒の人格形成を担う教師であれば当然のことである。学校教育はイコール道徳教育という当たり前の事実に思い至れば、容易に納得できることである。つまり、誰しもが生徒の前に立てば道徳教師なのである。

　次なる変革は、道徳科教科書が国の責任において発行され、無償配布されたことである。昭和33（1958）年に特設されて以降、60余年にわたってその足跡を刻んできた教科外教育としての「道徳の時間」では、教科でないために教科書が存在しなかった。指導に当たる教師や学校の責任において選択された道徳教材が用いられたので、地域や学校間の質的なばらつきは看過しがたいものであった。それが教科となったことで、文部科学省の検定済み教科書が公費によって無償配布されるようになったのである。これも当たり前のように受け取られるが、とても大きな改革である。つまり、教科書が用いられるということは学習指導要領で示された学びの範囲（scope）と学びの順序性（sequence）を教科書によって具体的に担保されていることの証左でもあるからである。

　そして3点目は、何と言っても道徳科に学習評価が導入されたことである。教科であれば指導したならその学びを評価して通知表等で家庭に知らせたり、指導要録に指導記録を残すことで継続的な指導に役立てたりするのは当たり前のことである。道徳科も教科になったことで、他教科同様に生徒一人一人の学習状況や道徳性に係る成長の様子を継続的に評価するよう求められるようになったのは周知のことである。もちろん、個の内面的資質としての道徳性を数値等でランク付けしたり、ラベリングしたりすることは不可能なので、大くくりの文章による肯定的評価をすることとなったのである。

　つまり、生徒の学びのよさや成長の様子を認め励ます教育本来の人格形成に向けた評価をするようになったのである。本来であれば、教師が指導したら教育評価をするのは当然のことである。それがなければ、指導効果検証も生徒の学習成果検証も蔑ろにされてしまうからである。教育評価が伴ってこその学校教育であることを勘案すれば、道徳科に評価が導入されたのは必然的なことであると説明できよう。

　従前の「道徳の時間」が「特別の教科　道徳」に移行転換したことで、エビデンス（evidence：学び成果）を前提とした道徳科授業が求められるようなったのは生徒の視点で捉えるならとても大きな質的改善であることを理解しておきたい。

② 令和の日本型道徳科授業を展開するための視点

　全国の小・中学校で新学習指導要領が全面実施となり、先行して実施された道徳科も全国の教室で確実にその成果を上げつつある。教科外教育から教科教育へと教育課程上の位置付けを大転換するという出来事は、それに携わる教師自身のパラダイム転換も不可欠である。従前の道徳授業とは似て非なるものといった発想の転換、これをなくして令和新時代の道徳科充実はあり得ないのである。

　折しも令和3（2021）年1月、中央教育審議会は「『令和の日本型学校教育』の構築を目指して～全ての子供たちの可能性を引き出す、個別最適な学びと、協働的な学びの実現～」と題する答申を公表した。その中で道徳科に係るポイントは、おおよそ以下の5点である。

　1点目は、急激に変化する予測困難な時代の中で生徒たちに育む道徳的資質・能力についての共通理解とその実現を可能にする道徳科授業改善に向けた取組の必要性である。これからの道徳科では、道徳的思考力や判断力、表現力のみでなく、新たに直面する道徳的課題について最適解や納得解を導き出すことが求められる。また、人間関係構築力や社会参画力、自己実現力といった資質・能力も、持続可能な社会形成に向けてこれまで以上に必須なものとなってくる。

　ならば、道徳科授業ではどうすればよいのか。道徳の時間から道徳科へと看板の付け替えはしたものの、相変わらず教師の一方的な発問のみで引っ張る授業、読み物教材とチョーク1本で進めるワンパターンの授業で果たしてその責務は果たせるのか。生徒たちにどんな道徳的資質・能力を育むことが未来社会を生き抜く上で必要なのかという前提要件からの議論を進めていくことが不可欠となろうが、全てはこれからである。

　2点目は、学習指導のみならず生徒指導等も含めて生徒を知・徳・体一体型で全人格的に指導する日本型学校教育のよさを再確認するため、丸抱えによる教師の過剰労働等も勘案しながらその成果検証を進めたり、直面する課題を明確にしつつ克服に向けた取組を模索したりすることも必要である。特に道徳科は生徒の道徳性に係る状況を総合的に把握しなければ、指導によってその変容を促すことが難しい。教師が指導に必要な生徒理解情報を担保しつつ、どこまで校務の外部委託や合理化が可能なのかという困難の伴う現実ではあるが、どうしても克服しなければならない最重要課題でもある。

　3点目は、道徳科で実現する生徒の学びの姿を明確にした授業展開をしていくための取組である。我が国ではアクティブ・ラーニングが標榜されて久しいが、果たしてその実現はどうなのか。受け身の道徳授業から主体的に生徒が参加する道徳科授業へ、教師が求める正解探しをする道徳授業から生徒自らが納得解を紡ぐ道徳科授業へ、教材の読み取り道徳授業から生徒一人一人が考え議論する道徳科授業へ、ここに示した学びの姿をどう実現するのかは教師自身に突き付けられた自己課題である。

　4点目は、道徳科授業の質とその実施に伴う多様性、包摂性を高めていくための取組である。社会構造の変化の中で道徳科授業の在り方も問われている。生徒の学びに視点を置いたエビデンスベース型道徳科授業への転換はもちろんだが、生徒の背景にある多様性を前提とした個別最適な学びをどう創出し、これからの持続可能な社会の実現に向けてインクルーシブ（包括的）な視点に立ってどう協働的な学びを教育活動で敷衍できるかは、今後の日本社会で直面する必須の現代課題でもある。

　最後の5点目は、道徳科におけるICT活用の重要性である。言うまでもなく、既に全国のほとんどの学校ではGIGAスクール構想に基づいて一人一台のICT端末配備を終えている。それらの思考ツールを道徳科でどのように活用し、生徒にとって有効な道徳学びを実現していけるかは、全て教師の双肩にかかっている。「道徳科でICT活用なんて」と考えるのか、「道徳科授業だからこそICT活用だ」と考えるのか、その発想の隔たりは大きい。

　上述の5点を要約すると、その先に見えるのは「令和の日本型道徳科授業」の目指すべき姿である。学習指導要領で示されている道徳科の目標は、「自立した一人の人間として他者とよりよく生きる」ための道徳性を育むことである。ならば、その前提は生徒の主体的な学びの実現以外になかろう。

1 道徳科授業の基本的な考え方

　道徳科と聞くと、何のためにその授業をするのかという前提がまず気にかかろう。他教科であれば
あらかじめ指導すべき内容や目標が示されており戸惑うことはない。しかし、学習指導要領第3章
「特別の教科　道徳」の目標に示されているのは、「よりよく生きるための基盤となる道徳性を養うた
め、道徳的諸価値についての理解を基に、自己を見つめ、物事を広い視野から多面的・多角的に考
え、人間としての生き方についての考えを深める学習を通して、道徳的判断力、心情、実践意欲と態
度を育てる」といった記述である。道徳科を語るとき、「つまり、道徳科では何を指導すればいい
の？」と素朴な疑問が生じてくるのはある意味で仕方ないことでもある。道徳科授業理解は、この疑
問の先にある。

　道徳科では何を生徒に指導するのか、まずはこの素朴な疑問から考えてみたい。中学生に限らず、
子供たちは道徳学習をする前から、「自分のことは自分でする」「人には嘘をつかないで誠実に接す
る」「誰かに会ったら挨拶をしたり、何かをしてもらったらお礼を言ったりする」「困っている人には
優しく親切にする」「友情は大切だから大事にしないといけない」「たった1つの生命はかけがえのな
いものだから、どんなときも大切にしないといけない」等々、道徳的諸価値についてはおおよそ理解
している。ならば、何も道徳科授業で改めて指導することはなかろうと考えるのもごく自然な理屈で
ある。でも、果たして生徒たちは本当に道徳的諸価値について理解しているのであろうか。果たし
て、道徳科授業では生徒たちにどのような道徳学びを提供できればよしとされるのであろうか。

　「言うは易く行うは難し」という諺がある。古代ギリシャの先哲ソクラテスを引用するまでもな
く、道徳はただ知識として教えても身に付くことのない「個の内面で血肉化して理解される切実感の
伴う自分事の知識」である。よって、いくら教師が丁寧に指導したとしても、学習者である生徒自身
がそれを主体的に自覚しつつ受容しなければ内面化された道徳的知識となることはないのである。

　生徒が道徳的知識を身に付けた状態を道徳科の目標に照らして考えるなら、「道徳的諸価値につい
ての理解」とは生徒と道徳的諸価値との有意味的関連性が伴うものでなければならないのである。

　そのような自覚的な道徳的価値理解に至るためには、生徒自身が自らの日常的道徳生活を見つめ、
自分だけではない他者の広い視野も併せもって多面的・多角的に省みることで人間としての自分の生
き方や在り方の望ましさについて自覚的に理解できるのである。ならば、道徳科授業づくりはどうあ
るべきなのか。それを一言で表現するなら、日常的道徳生活の実践主体である生徒自身が内面に自ら
の生き方を見いだす人生の羅針盤となる道徳性を育んでいけるようにすることであるに違いない。

　生徒一人一人の内面に形成される道徳性は道徳的判断力、道徳的心情、道徳的実践意欲と態度と
いった不可分一体で相互補完的複合概念である。どれか一つだけを取り出して発達を促すといったこ
とができにくい内面的精神作用である。ならば、教師も生徒と一緒になってよりよい生き方という人
生の高見を目指し、「師弟同行」の精神で共に学べばよいのである。

　確かに授業である以上、教材分析や生徒理解、教材提示方法や発問の組み立て、生徒相互が語り合
うための場の構成等々の指導スキルや思考ツールも大切ではある。しかし、それらは絶対条件ではな
い。なぜなら、自らの生き方として大切な道徳学びをする主人公は、ほかでもない生徒自身だからで
ある。ならば、教師は生徒にその学びのきっかけをもたせ、生徒自身が自分事として学び深めていけ
るような場を生徒と共に創り出していけばよいのである。その原動力となるのは、生徒自身による道
徳的な「問い」である。

　自らの生き方を振り返り、自分事として内省的に学び深めていくためにはどうしても「自分事とし

ての問い」が生徒自身の内面に存在しなくてはならない。道徳科授業づくりは、ここからはじまる。

2 生徒の「問い」から道徳科学習プロセスを構想

　なぜ生徒が「問い」をもつと道徳的価値観形成のための道徳科授業が促進されるのか、その理由は極めてシンプルなことである。

　生徒に限らず、人は誰しも他人事ならいざ知らず、自分事については無関心でいられない。自分に関わることなら本気で考え、本気で悩み、本気でその望ましい最適解を追い求めて課題追求する。本来の道徳科学習とはこのような学びで、誰のためのものでもない生徒が自分自身のために学ぶ場であるべきなのである。そのためには学ぶ必然性、つまり自分事の道徳的問いがなくてはならない。その必然的問い、つまり道徳的課題追求は生徒にとって自らの道徳的価値観形成を促進する手続きそのものなのである。それを可能にするのが、自分事としての課題探求型道徳科授業プロセスである。

　中学校道徳科授業は、僅か50分しかない。教師であれば、生徒にどこまでも拡がりと深まりのある「課題探究学習」をさせたいと願うのは当然のことである。しかし、目の前の生徒一人一人を見据えれば、限られた時間内での等身大の学びとしての「課題探求学習」が実現できたらそれでも素晴らしいことに違いない。そこで、ここでは課題探求型道徳科授業アプローチを構想したいと考える。

　言うまでもなく、道徳科では学習指導要領で示されたように道徳的諸価値についての理解をもとに、自分自身を見つめ、道徳的諸課題を多面的・多角的に考え、それを自身の生き方に収斂していけるような道徳性を培っていくことが目標であり、そのために生徒一人一人にとって大切な道徳的価値観形成を促進していくことが道徳学習の目的となる。ならば、そのような道徳学習を実現するための必然として、自分が日々対峙している道徳的諸課題について自分事として「問い」をもって課題探求できる道徳学習＝「主体的・対話的で深い学び」を実現していかなくてはならない。つまり、生徒一人一人が日々の道徳科授業を通して自ら感得できる「納得解」をもてるような主体的な学び、それを可能にするような学習プロセスを実現していくことが何よりも重要な要件なのである。

　「考え、議論する道徳」の体現と一口に言っても、それを可能にする道徳科学習プロセスは容易ではないように思われがちである。しかし、決してそんなことはない。生徒相互の「語り合い」を大切にすればよいのである。

　語り合いは単なる会話ではなく、一つの結論を見いだすための話合いでもない。ここで言う語り合いとは、「生徒が道徳的課題を他者対話によって語り合うことを通して自分とは異なるものの見方・感じ方・考え方に触れること」である。つまり、それまで当然と思っていた自らの道徳的価値観を問い直すきっかけを生むのである。「あれっ、自分とは違う？」「本当はどうなのだろう？」という自らの価値観を揺さぶる疑問がもう一人の自分と自己内対話するきっかけとなり、再度自らの内で吟味することで新たな価値観として意味付けていくのである（**図1**）。言うまでもなく、自分が感得できた納得解はそのまま自らの道徳的価値観として内面にしっかりと形成されていくのである。

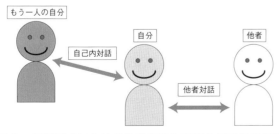

図1　価値形成における他者対話と自己内対話の関係性

　つまり、課題探求型道徳科授業を実現するためには生徒一人一人の問いから出発し、その問いを課題追求するために他者対話と自己内対話を繰り返すことで、個の内面に自分事としての最適解＝納得解を紡いでいけるようにすることなのである。もちろん、その課題追求過程では協同学習を可能にする共通学習課題設定や自らの価値観を確認するために共有す

る望ましさである「共通解」も必要である。

3 生徒が「問い」を主体的に解決するための協同学習プロセス

　生徒自身が自らの道徳的価値観を主体的に創造し、その先に新たな人生を拓いていくために必要な道徳的資質・能力を形成していけるような課題探求型道徳科授業を構想していくためには、そこでの学習プロセスがとても重要となってくる。しかし、中学校現場での授業実態を勘案すると教師が引っ張る授業、生徒が受け身になっている授業が少なからず散見される。この現実を見据え、学習指導要領で標榜しているような「主体的・対話的で深い学び」「考え、議論する道徳」を具現化していくために学校は、教師はどのように意識改革を進めればよいのであろうか。これまでの長きに及ぶ教育改革の動向を踏まえるならその抜本的改革策はただ一つ、生徒を受動的学習者（passive learner）から能動的学習者（active learner）へと位置付けしていくことに尽きる。つまり、協同学習を意図した課題探求型道徳科授業へと授業構想そのものの問い直しをすることが不可欠なのである。

　ここで提唱する課題探求型道徳科授業の前提は、生徒相互による学び合いとしての協同学習（cooperative learning）である。協同学習は、今日喧伝されている協働学習とは一線を画する。いずれもその学びの主体者は生徒たちであるが、そこでの学びの見通しのもち方や学び合いの目的、さらには共有した学びの自己省察的で発展的な活用等をイメージしていくと、最終的に個としての価値観創造（納得解）の獲得を意図する道徳科で目指すのはやはり協同学習による授業づくりなのである。

　協働学習は生徒たちが学びの目的を共有し、その解決に向けて主体的に学び合って最終的に望ましい最適解を導き出すことである。そのためにはグループワーク等で情報共有しつつ、協力したり、分担したりしてその課題解決情報を獲得し、最終的に皆が納得できる知見として合意形成する。それに対し、協同学習とは「学習集団のメンバー全員の成長が互いの喜びであるという目標のもとで学習すること」（日本協同教育学会編『日本の協同学習』ナカニシヤ出版、2019年、12頁）であり、メンバーが全員同時に到達できるような目標を設定して学び合い、高め合い、励まし合える集団での学習形態を意味している。

　そこで目指す学びの力は、「主体的で自律的な学びの構え、確かで幅広い知的獲得、仲間と共に課題解決に向かうことのできる対人技能、さらには、他者を尊重する民主的態度」（杉江修治著『協同学習入門』ナカニシヤ出版、2011年、1頁）がイメージされている。ならば、道徳科授業における生徒の学びは協働学習と協同学習、そのいずれの文脈に寄り添うべきことなのかと考えれば、おのずとその学習プロセスは協同学習であるべき事由が鮮明に見えてこよう。

　道徳科では、道徳的問題に対峙した際に生徒個々がもつ道徳的問いから出発する。そして、その解決に至る道筋において個人学習では堂々巡りに陥ってしまうため、それを回避する方策としてあえて自分とは異なるものの見方・感じ方・考え方をする他者と共に学び合うことを意図するのである。言わば、道徳学習では生徒個々がもつ道徳的問いは個別であり、その解決のために参加する協同学習という集団学びの場で手にした客観的な事実や異なる価値観に照らして皆で導き出した望ましさ、多くの人にとっての望ましさとして共有し合える結果としての共通解が導き出されるのである。

　その共通解に照らしながら、生徒一人一人が最終的に自己内対話を通してこれまで価値観を再吟味・検討することで自らの納得解としての価値観創造に至るのである。言わば、道徳科における生徒の学習プロセスを概観すると、道徳的問題に出合ったときに抱く個別な道徳的問いを踏まえて道徳教材や他者との協同的な語り合い・学び合いをすることで共通解を導き出し、最終的にその共通解に照らして当初の個別な道徳的問いに立ち帰ると、その結論として納得解という新たな道徳的価値観を一人一人の生徒が手にできるのである。ならば、道徳科授業は生徒一人一人が自らの道徳的価値観を問い直し、新たな生き方に反映させていくための集団学習フィルターとしての役割を果たすとも説明付

けられよう。

　道徳科授業では、個々の問いをこのフィルターに通して多面的・多角的な視点から共通解を入手させ、その共通解に照らして個の納得解を導き出して道徳的価値観を更新できることを目指すのである。

4　問いを紡ぎ納得解を導くための課題探求型道徳科授業構想

　道徳科において生徒一人一人が道徳的「問い」をもち、その問いの追求を主体的・創造的に展開できるような授業を構想すめるために教師は一体どのような手続きを踏めばよいのであろうか。その授業改革のための視点としては以下の３点が挙げられ、**図2**のように説明できる。

《生徒の「問い」に基づく課題探求型道徳科授業づくりの視点》
A．道徳的諸課題解決のための課題意識「問い」を明確にもてるようにする。
B．協同学習という論理的思考を経ることで皆が共有し合える共通解を引き出せるようにする。
C．個別な問いの追求というリアルな自分事学びの結果としての納得解をもてるようにする。

　道徳科授業で最重要なのは、生徒自身に道徳的課題意識としての「問い」をもたせることである。そのためには本時主題を明示し、そこから問いを導き出すための道徳的課題（教材や生徒の日常的道徳生活上の問題）を提示しなければならない。次に、その個別の問いの解決には客観的学習情報に触れて論理的思考を展開していくための協同学習の場に導くための共通学習課題の設定が必要である。なぜなら、個別な問いは一人では解決できないからである。よって、互いの問いを摺り合わせ、協同思考するための共通学習課題を設定していくことが大切となる。これをグループ・モデレーション（group moderation）と呼ぶ。つまり、最終的に解決すべきは個の問いであり、その解決に向けた課題追求プロセスとしての協同学習がどう寄与したのかと自己評価するのはほかならぬ生徒自身だから

である。生徒は学習者であると同時に自らの学びの評価者でもある。その評価規準の役割を果たすのが共通学習課題であるから、生徒自身が互いの問いを摺り合わせ、了解できるような共通学習課題を設定しなければならないのである。これは、授業を貫く中心テーマ発問を導き出すことでもある。

　共通学習課題を設定する場は、既に協同学習そのものである。そして、教材や語り合いを通して発展する課題追求学習の先にあって辿り着くのは、多くの人が共有できる道徳的価値理解としての共通解の導きである。道徳科授業で大切なのは、ここからである。なぜなら、当初の個別な問いの解決が済んでいないからである。

　協同学習で導き出した共通解を自分はどう学習成果として評価し、それを自分事の問いと引き比べて意味付けるのか、この納得解の紡ぎこそが肝である。ならば、課題設定のための必須発問①と共通解から納得解の紡ぎへと導くための必須発問②は不可欠な問いとなろう。

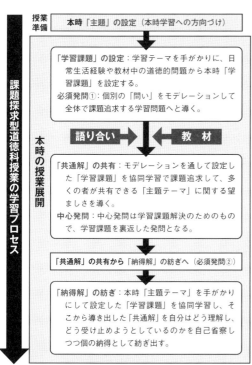

図2　課題探求型道徳科授業における「学習プロセス」

道徳科授業における教材の役割とその活用

1 道徳科に不可欠とされる道徳教材の意味とその役割

　道徳科授業を展開するためには、道徳教材の活用が必然的なものとなっている。これはかつての戦前における修身科の時代でも、戦後特設された「道徳の時間」においても、そして現在の道徳科においても基本的な考え方は変わっていない。果たして道徳教材の意味や役割は何か、考察したい。

　道徳教育での道徳教材の役割について、『道徳科重要用語事典』（田沼茂紀編著、明治図書出版、2021年、116頁）には、「集団思考を促すには、共通の素材としての教材を、児童生徒の実態に応じて活用することが大切になる。特に、ねらいとする道徳的価値に関わって道徳学習を展開するためには、教材活用が極めて重要なのである」と解説されている。換言すれば、道徳的追体験の共有である。

　ただ、研究校等へお邪魔して不思議に感じるのは、研究協議の論点がともすると道徳科授業の前に道徳教材へ流れているような場面が垣間見られることである。道徳教材は主題のねらいを達成するための手段であり、それをとことん学び尽くすところに目的があるのではない。道徳教材のよさは、短時間で生徒たちに道徳的追体験をさせることが可能で、集団的な道徳学習を可能するところにある。改めて道徳教材の意義や役割を理解し、有効で効果的な活用を模索したいものである。

　では、道徳科教材の善し悪しはどのように判断されるのであろうか。端的に結論付けるなら、よい道徳教材は生徒の内面にある多様な価値観を引き出してくれるものと「道徳の時間」時代より言われ続けてきた。つまり、道徳科授業では道徳教材を介して生徒一人一人に個別な道徳的問いをもたせ、それを集団思考によって突き合わせ、語り合わせることでその問いの背景にある道徳的価値への気付きや道徳的価値に対する自らの自覚的理解を問うていくところに大きな意味があるのである。

　ゆえに、教材中の道徳的問題に浸かりすぎて客観的な思考・判断ができなくなってしまったり、道徳教材に露わに描かれた道徳的価値を鵜呑みにしてしまったりする危険の伴う内容ではその用をなさないのである。道徳教材は生徒が個別にもっている道徳的価値観に楔を打ち込み、再度その価値理解を促進するために吟味・検討する必然的要素を併せもっていなければならないのである。

　このような必然的要素を踏まえつつ道徳教材が本来的に具備すべき諸要件を検討していくと、学習指導要領解説に述べられているような3点に要約されるのである。

a.　生徒の発達の段階に即していて主題のねらい達成に効果的に機能するもの
b.　生徒の心の琴線に触れて深く考えられると同時によりよく生きる喜びや勇気を見いだせるもの
c.　特定の見方や考え方に偏ることなく生徒が多様な受け止め方をすることができるもの

　このように道徳教材が具備すべき諸要件は様々あるが、授業者の力量や生徒の道徳的実態を勘案すると、適切な道徳教材の選定や活用は意外と難しい。特に道徳教材が所収されている検定・採択を経た道徳科教科書である事情もあって、個別的事情による恣意的な変更や差し替えは容易ではない。そんなときに留意したいのは、副教材（伝記や自然・科学・文化・スポーツ等の小話やメディア、新聞記事や生徒作文等）と組み合わせた活用や教材提示方法を工夫してみるのも有効な方法であろう。

　特に、昨今はGIGAスクール構想によって生徒一人に一台のタブレット端末活用が日常化している。これらのICT活用によって副教材提示の工夫が様々可能となっているので、同一の道徳教材活用であっても生徒一人一人に道徳的問いのもたせ方は多様に行えるようになっている。また、それだけでなく、指導方法の工夫についてもICT活用は多様で効率的な授業展開を可能にしてくれる。従前のアナログ的手法で展開していた学習が手早く短時間で展開できるのも、ICT活用の魅力である。もちろん、ICT活用は学習目的とはならず、あくまでも学習促進手段であることを肝に銘じておきたい。

2 道徳教材のよさを引き出すための有効活用法

　道徳教材の活用については、「道徳の時間」充実の議論が盛んに行われた昭和40年代前後の時代には教材活用方法を巡って学校種間での齟齬が生じていたり、教材活用方法が固定化されたりして特定傾向教材のみが用いられるような状況も見られた。そんな混乱した時代に資料活用類型（青木孝頼編著『道徳資料の活用類型』明治図書出版、1979年）といった考え方が登場した。その「活用類型」とは、実践教材、葛藤教材、知見教材、感動教材といった教材内容の類型論的な考え方ではなく、同一教材に含まれる「共感」「批判」「範例」「感動」という4視点から授業者が分析的に捉え、その教材活用をどう進めていくか意図していくという発想転換であった。青木の「活用類型論」は今日の道徳科においても大いに援用できるものである。もちろん、道徳科授業型への発想付加での活用である。

《道徳教材の活用類型タイプの考え方》

A. 共感的活用類型：教材中人物の考え方や感じ方を生徒一人一人に共感させることによって、現在の自分の価値観に気付かせ、覚醒的に自覚を促すことを意図した活用タイプ。

B. 批判的活用類型：教材中の登場人物の行為や考え方を生徒一人一人に批判させ、互いに語り合うことを通して道徳的な考え方や感じ方を深めさせることを意図した活用タイプ。

C. 範例的活用類型：教材中の登場人物の道徳的行為を一つの範例として生徒に受け止めさせることを意図した活用タイプ。

D. 感動的活用類型：教材内容が生徒に強い感銘を与えるような場合、そこでの感動からねらいとする道徳的価値への把握へ至るようにすることを意図した活用タイプ。

　ここで示した道徳教材の活用類型タイプを視座して道徳科授業構想すると、そこには活用教材として具備すべき要件、学習指導要領に示された「発達の段階に即し、ねらいを達成するにふさわしいもの」「人間尊重の精神にかなうものであって、悩みや葛藤等の心の揺れ、人間関係の理解等の課題も含め、深く考えることができ、人間としてよりよく生きる喜びや勇気を与えられるもの」「多様な見方や考え方のできる事柄を取り扱う場合には、特定の見方や考え方に偏った取扱いがなされていないものであること」といった必須事項が自ずと満たされてくるのである。

　また、教科道徳科時代となった現在では、それら4類型に新たな視点として論理的思考型道徳学習を体現するための見地から「分析的活用類型」「問題解決的活用類型」といった新たな道徳教材活用類型タイプも追加され、多様な視点からの優れた授業が多数実践されていることも補足しておきたい。では、道徳教材の活用類型タイプを念頭に授業構想を進めていくために、効果的な指導展開を進めるための要諦はどこにあるのであろうか。

　まず重要とされるポイントとしては、「道徳教材はあくまでも手段である」と心得るべきことである。道徳学習を展開する生徒たちが自らの道徳的価値観を問い、それを多面的・多角的に拡げ深めていくためにはそれぞれの学習目的をもちながらも協同学習というフィルターを通さないと実現できない。生徒が自分自身について学び、他者から学ぶための、自分磨きの研ぎ草、姿見としての役割を担うのが道徳教材である。よって、教材から授業が構想されるのではなく、主題のねらいを達成する手段として道徳教材を用いるというきわめて当たり前の事実から授業構想することが大切なのである。

　次には、道徳教材を通して自らの道徳的価値観を高めていくプロセスでは、個人の内面で同時進行的に「価値理解」「人間理解」「他者理解」も促進されていくという点である。よって、道徳教材中に描かれた登場人物は一見すると生きている時代や社会、目の前の道徳的現実等が生徒の日常と異なっていたとしてもそこに描かれている人の姿こそ違ってはいても自分と同じように今日を生き、明日をもっとよく生きようと願う一人の人間である。その人間の生き方に共感してこその道徳学習であり、道徳的価値観形成に向けての道徳科授業であることを念頭に授業構想していきたいものである。

1 板書は道徳的思考を促し深め統合するキャンバス

　授業において、板書はつきものである。今日のデジタル化社会ではICT機器が高度に発達して昔ながらの黒板一枚と1本のチョークで勝負する授業は次第に主流ではなくなりつつあり、これまで黒板による板書で行われてきた情報提供がICT機器を媒体としたものへ置き換えられたと理解するのも、ある意味で妥当な見解である。この板書事情は、道徳科授業においても同様である。

　そんな背景も考慮しつつ改めて板書とは何かと問われるなら、やはり生徒の学習促進を促す役割と説明できよう。教授学事典『授業研究　重要用語300基礎知識』（深澤広明・恒吉宏典編、明治図書出版、1999年、187頁）には、「板書という教授行為の目的は、子どもの思考を深化させることに尽きる」と明快に述べられている。もう少し言葉を補足するなら、黒板あるいはディスプレイは何も描かれていないキャンバスのようなもので、そこに学びの足跡を描き記していくのは学習者である生徒自身であろう。道徳科授業での板書の役割を端的に述べれば、3点あろうと考える。

A. 生徒に学習の見通しをもたせる。
B. 生徒自身が自らの道徳的価値観を拡げ深められるようにする。
C. 生徒が自らと自己内対話しながら価値あるものを納得して受容する。

　以下、これら3点について補説していきたい。その前提要件は、先の引用を引き合いにするまでもなく、板書は生徒の道徳的思考を拡大深化させるためのものである。目的があるからこそ道徳科授業での板書計画があり、その板書形態がアナログであろうとICT活用によるデジタルによるものであろうと、目指すところは同一であることを忘れて疎かに取り扱ってはいけないということである。

《板書の役割》

　総論的には、陸上種目三段跳びの「ホップ、ステップ、ジャンプ」のイメージが板書計画にも当てはまるように思われる。最初の踏切であるホップは、その先のステップとジャンプをイメージして方向付ける役割を果たす。2歩目のステップは飛距離を伸ばすことよりも山場に向けてバランスを調整しながら最終体勢を整える役割を果たす。そして、最後のジャンプは一連の連続的な活動を背景に思いっ切り跳躍するのである。ならば、生徒の道徳学びを自分事の拡がりと深まりのあるものとしていくために、板書もこのようなセオリーを踏襲する必要があろうと考えるのは自然な発想であろう。

■導入の板書で課題を意識させて本時学習への見通しをもたせる

　これは板書であろうと、デジタル画面であろうと、生徒自身の道徳ノートであろうとも、どんな思考ツールでもかまわないのであるが、生徒が自分の学びを創るとき、突然本時学習の中核に迫っていけるわけではない。本時では自分がどのような課題意識をもって、どうその課題解決に迫っていくことが可能なのだろうかと生徒が学びの見通しをイメージしていけるような板書を工夫したい。

■展開の板書では自己課題解決の前提となる共通解を深める

　板書の山場となるが、ここで大切なのは時間軸、空間軸、対人関係軸、状況軸（木村順著『発達支援実践講座』学苑社、2015年、65〜68頁参照）という4つの座標軸を念頭に置き、それらを足場にしながら生徒の学習ニーズを膨らませていく手続きである。よって、対比的な板書となるよう構造化し、学習者が最適な価値理解として受容し、共有できる共通解を見いだせることが重要な役割となる。

■終末に至る自己課題解決と個の納得解を引き出すために共通解の確認をする

　納得解は生徒個々のプライベートで主体的な価値自覚そのものである。それは板書したり、発表させたりするようなものではない。その納得解を引き出すため、共通解の確認を板書で押さえたい。

2 板書の基本構造を通して理解させる道徳学習手続き

　繰り返しとなろうが、板書の基本構造はどのような形の提示形態であってもその役割が変わるわけではない。黒板やホワイトボード、模造紙等々のアナログ学習ツールであろうと、タブレットやプロジェクターで投影したデジタル学習ツールであろうと、学習者一人一人がそれを解して自らの道徳学びを展開できたら、それで道徳科における板書計画は有効に機能していると評価できるのである。

　「道徳の時間」から「特別の教科　道徳」へ移行転換し、道徳科授業が開始されたころに板書はどうすることが果たして適切なのかといった、笑うに笑えない真顔な議論もあった。つまり、教科書は縦書きだから板書も縦書きにとか、担当教科によっては教師自身が横書きでないと板書しにくいといったような訴えである。板書を巡る教師の疑念、そこで欠落しているのはどんなことであろうか。言うまでもなく、道徳科授業での板書は誰のためのものであるのかという素朴な問いである。生徒が自らを見つめ、自らの道徳的価値観を多面的・多角的に拡げ深めていくために板書はどうあればよいのかと考えるなら、そんな議論は些末なことである。アナログの黒板に頼らずとも、ICT活用によるデジタルディスプレーで構成しても決してタブーではないのである。そんな自由かつ柔軟な視点に立って道徳科授業の板書構想を進めていくと、多様な学びの創出可能性が広がってくるのである。

《道徳科授業における板書構想の工夫》

A. 1時間の授業の流れが一目で分かる板書計画を

　授業とは、時間軸、空間軸、対人関係軸、状況軸という座標軸に沿って時系列的かつ継続的に流れる大河のようなものである。川上から川下へと必然的な方向性をもって授業は展開し、その展開中にはときどき澱みとなるような時間があったり、大きく蛇行しながら激しく波打ったりするような場面もある。生徒は道徳科授業という学習の流れの中で同じように学んでいるように見えても、その様は決して一様ではない。「あれっ、どうして？」「何でそんな考え方をしてしまったのだろう？」等々、自分自身の中では納得できないような場面も体験するであろうし、「こんなことは当たり前」「自分もやはり、同じように考えて行動するだろうな」と教材中の登場人物の道徳的言動に賛同したり、共に語り合っている級友の発言に大いに納得したりするようなことも体験するであろう。そんなときに生徒が自分の受け止め方や考え方がこの授業の中でどう変化したのかと、1時間の学習の流れを俯瞰できるような板書であることが何よりも望ましいのである。

B. 道徳的課題解決に至る諸要件を総合的に判断できる板書計画に

　生徒の主体的な道徳学習は、自らの道徳的問いをもつところから出発する。そうでなければ、生徒は人が創ったお仕着せの道徳など自分事として受け入れないからである。「主体的・対話的で深い学び」とか、「考え、議論する道徳」と安易に口にしがちであるが、道徳学びの主人公はあくまでも生徒であるという前提に立った板書でなかったなら、それは画餅に終わってしまうのである。ならばどうするのかということになるが、そのキーワードは、生徒が道徳学習を拡大深化していくための道筋が板書の中に反映されるようにすることである。つまり、生徒一人一人の道徳的問いを摺り合わせ、調整し合って設定した共通学習課題からはじまって、その課題追求結果として共通解を共有するに至るまでに辿る様々な思考の紆余曲折や葛藤の要因が全て板書計画としてあらかじめ想定され、生徒相互の語り合いの結果として実際の板書に反映されるような構想をしていくことが何よりも重要である。

C. 板書全体を見渡すことで価値を自らの納得解として受容できる板書計画で

　どんなに精魂込めて書き綴った板書であっても、それは授業終了と共に無用なものとなる。しかし、そこに記された言葉の一つ一つは生徒相互が自らの内面を吐露した記録そのものである以上、板書として消し去られてもそこで学んだら道徳的納得解はなくならない。むしろ、しっかりと個の価値観として形成されるのである。ならば、価値受容に至る共通解が印象深く刻まれるような板書で終えたい。

1 道徳科学習評価の基本的な考え方

道徳科における生徒の「学び評価」は、どのように進めればよいのかという点から述べたい。なぜならば、学習評価と一口に語っても、道徳科と他教科とではその意味合いが大きく異なるからである。つまり、同じ学習評価ではあるが、道徳科と各教科とではその目的や方法論的な部分で大いに実施形態が異なっているのである。以下、「何のための評価か」といった目的性から述べていきたい。

学習指導要領道徳科では、「生徒の学習状況や道徳性に係る成長の様子を継続的に把握し、指導に生かすよう努める必要がある」と述べられている。一方、学習指導要領総則では「各教科の目標実現に向けた学習状況を把握する観点から、単元や題材などの内容や時間のまとまりを見通しながら評価の場面や方法を工夫して、学習の過程や成果を評価し、指導の改善や学習意欲の向上を図り、資質・能力の育成に生かすようにすること」と記されている。

対比的な視点から端的にまとめれば、道徳科では、生徒自身の人格的成長を促すという方向的目標設定に係る方向的学習評価を求めているのであり、他教科では各教科に示された内容目標の実現を目指す内容的目標設定に基づく学習評価を意図しているのである。つまり、あらかじめ設定した評価規準に基づいて目標到達度評価を行うのが各教科の個の学びの成果に基づく絶対評価であるのに対し、道徳科における学びは生徒個人の道徳的実態に基づくスタートフリーな段階からスタートしてゴールフリーな形で学習が終了するのである。それは生徒個々のよりよい生き方や在り方という人格的成長を目指しての学びである以上、目標到達度評価にはならないのである。よって、学習評価といった表現よりも生徒の「学びや成長の姿に係る評価」といった表現のほうが本来的な教育目的志向性としては適切であろうと考えるのである。

ここまでで理解されるように、道徳科ではその評価特性から「大くくりの文章記述による肯定的個人内評価」でなければならないのである。そのため、他教科と混同されてしまうことがないよう学習評価観点といった呼称ではなく、学習における成果や学び方のよさ、道徳的成長を見取るための「評価視点」といった表現をしている。このような道徳科固有の事情から派生する学習評価について十分に留意しつつ、学び評価主体者である生徒にとってより望ましいものとなるようにしていきたい。

もう1点、道徳科の評価として押さえておかなければならないのは、教師側の視点としてその道徳科授業を評価するための観点である。これはまさしくその授業での指導がどうであったのかを評価するための教師側の指導観点である。

例えば、生徒の問いを生むための教材提示はどうであったのかとか、共通解へ導くための中心発問はどうであったのか等々の事柄は指導に係る明確な到達度評価規準であるから、その呼称は「観点」となる。要約すれば、生徒の学びの見取りに必要なのは「視点」であり、教師の指導評価をするための規準は「観点」として示す必要があるのである。この両方から複眼的に生徒の道徳学びを肯定的に評価していきたい。

（豊かな学びを創るための教師の評価観点）
教師は、生徒たちに何をどう学ばせるためにどのような方法で指導したのか！

教師の授業改善への具体的な評価観点

指導を通して、生徒が価値を理解する、価値について考える、価値を受け入れ実現しようとする学びを創出できたのか？

道徳科指導（活動）と評価の一体化

通知表と指導要録はその目的から記述内容・表現が異なる!!

（生徒の豊かな道徳学びを見取るための視点）
生徒は授業で道徳の何を学び、それをどう自分ごととして受け止めたのか！

生徒の具体的な学習状況評価視点

授業ではどのような課題意識で協同学習を推し進め、共通解や納得解を獲得できたのか？どう肯定的自己評価をしたのか？

図3　道徳科における評価の視点と観点

2 道徳科学習評価の実践的方法

　道徳科における生徒の学びを見取ると言うのは容易いことであるが、では授業のどんな場面でどんな手法を駆使して学び評価していくのかという具体論になってくると、それは限られた授業中のことであるから難しいことでもある。以下に、具体的な手立てを述べていきたい。

　その前に、どうしても押さえておきたい道徳科授業評価の要諦がある。それは学習指導要領に述べられた道徳科学習評価に関する記述の後半、「ただし、数値などによる評価は行わないものとする」という重要部分である。道徳科授業は個としてのよりよい生き方を希求して展開されるのであるから、そこでの学びは他生徒と引き比べたり、ラベリングしたりするようなことがあってはならないという戒めである。あくまでも道徳科学習評価は個に内包された潜在的な道徳的資質・能力開発となり、個の生き方へ収斂されることにつながらなければ実施する意味がないのである。つまり、道徳科授業評価は生徒一人一人の個別な学び状況や学びの継続発展性による人格的成長プロセスを見取っていくためのものであり、個の学び方のよさ、生き方のよさを認め励ます肯定的な個人内評価となるようあらかじめ授業構想段階で育むべき道徳学習能力（モラルラーニング・スキル）を明らかにしながらどのような学びを実現していこうとするのかという視点を明確に策定する必要があるということである。

　例えば、本時の道徳科授業ではどのような学習場面でどのような道徳的諸能力（道徳的理解力や道徳的課題発見力、実践的問題解決力、思考・判断・表現力、情報活用力、メタ認知力等）を生徒に育みながら展開するのかが明確になっていなければ、その活動の裏返しでもある道徳学び評価ができないという単純な理屈である。つまり、「指導と評価の一体化」という概念の具体的な実現イメージのないところに「主体的・対話的で深い学び」も「考え、議論する道徳」も成立し得ないという単純な事実でもある。こうしたことから、学びの足跡を辿れるような方法的な評価フレームを構想したり、そこでのエビデンス（evidence：学びの成果）とすることが可能な裏付けをポートフォリオしたりして、長期的に集積していかないと容易でないことは言を俟たないことを申し添えておきたい。

　つまり、生徒の道徳学びの状況や道徳的成長の様子は、そう簡単には見取れないということでもある。また、評価するために道徳科授業をするのではないという当然の理屈もある。ならば、個々の道徳学びをどうポートフォリオ評価として継続的に把握し、指導に生かすよう努めるのかという授業者の視点をあらかじめ学習指導案で明確にしてから取り組む必要があろう。

《道徳科学習評価方法論としての評価フレーム》

　この評価フレームの基本的な考え方は、生徒の日常的道徳生活を凝縮したのが道徳科授業であるという理解を前提に個々の学びのよさ、望ましい成長を認め励ますという評価姿勢である。

A. 道徳科授業前と授業後を比較してその変容を見取る

　生徒の内面的資質である道徳性はこんな学びをしたらこう変わるとか、こんな感動で心も変容するはずだといったといった単純さを通り越した精神作用である。ならば、全く変容が見られないのかというと、決してそうではない。授業前のアンケートと授業後のワークーシートや道徳ノート記述内容の比較からも見えてくるものがある。ただし評価のためだけの書く活動設定は避けたい。

B. 道徳科授業の中での一瞬の輝きを印象評価として見取る

　授業中に生徒がぽつりと漏らしたつぶやき、意を決した一言の発言で一気に学びが深まるよう体験はよく散見されることである。いちばんよいのは授業を録画することであるが、その後の視聴や文字起こしの負担を考えると、そのときどきの印象を付箋で残したり、座席表に記号をあらかじめ決めておいて記録したりする等の方法が現実的である。教師の負担を増やさないことを前提にしたい。

C. 道徳科に連なる学校生活や家庭生活でのエピソードからも見取る

　生徒の道徳学びは授業外でも多数ある。何気ない対話中の話題を日常記録として留めていきたい。

道徳科授業における カリキュラム・マネジメントの進め方

1 道徳科におけるカリキュラム・マネジメントの意義

　道徳科における学習評価は、指導者としての教師による評価と生徒一人一人が自らの成長を促進するための自己評価や相互評価がその対象となることは理解の及ぶところであろう。つまり、道徳科における学習評価は教師の側であれば次なる学びへと学習を発展的に継続させるため、生徒の側からすればより自己成長を促進する継続的学習へつながるようにするという明確な目的志向性をもってなされるのである。これらの有意味性のある道徳科学習評価を年間カリキュラムや義務教育カリキュラムといった長期的スパンで捉えていくと、１単位時間では実現しにくい学びの総体としての道徳的資質・能力を生徒に培っていくことが可能となってくる。この意図的な長期的指導方略を他教科等と同様に道徳科カリキュラム・マネジメントとここでは称している。

　このカリキュラム・マネジメントの定義について教育評価関連事典を参照すると、「学習者の教育的成長を目的とし、実態分析や目標設定を行い、組織として適切かつ効果的なカリキュラム開発と授業実践とを効果的・効率的に推進するための理論と方法」（西岡加名恵他編『教育評価重要用語事典』明治図書出版、2021年、145頁）と解説されている。また、小・中学校学習指導要領第１章総則には、以下の３側面からカリキュラム・マネジメントが説明されている。

◎生徒や学校、地域の実態を適切に把握し、教育の目的や目標の実現に必要な教育の内容等を教科等横断的な視点で組み立てていくこと
◎教育課程の実施状況を評価してその改善を図っていくこと
◎教育課程の実施に必要な人的又は物的な体制を確保するとともにその改善を図っていくこと

　上述のような視点から各学校の教育課程に道徳教育を位置付け、それら各教育活動との緊密な連携を保ちながらの道徳科授業カリキュラム構成とそのカリキュラム・マネジメントを求められているのが今日の学校教育課題であることをまず押さえておきたい。それゆえ、学校教育目標を具現化するというトップダウンのベクトルと、毎時間の道徳科授業から指導計画や道徳教育全体計画改革を迫るボトムアップのベクトルとが随所でぶつかり合い、互いに得心できる合意調整点を見いだして改善していくカリキュラム・マネジメントが必要となるのである（**図4**）。

　この合意調整は、異なるカリキュラム評価とその改善視点を摺り合わせ、望ましい方向への合意調整する機能でモデレーション（moderation）と称している。組織として教師が互いにグループ・モデレーションすることで、教育実践に基づく組織的かつ計画的なカリキュラム改善が実現し、結果的に各学校の道徳科教育活動の質的向上が実現していくのである。大切なのは、眼前にいる生徒たちの「今、ここに」を前提とすることである。

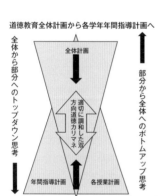

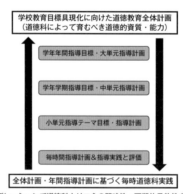

図4　全体と部分の双方向・調和往還的視点（moderation）から道徳科カリマネを構想

2 道徳科カリキュラム・マネジメントの実際

　道徳科授業は年間35時間という制約もあって、1主題1単位時間で実施されることが多い。よって、生徒の実態に基づく教科横断的な視点での入念なカリキュラム構成であったとしても、その主題での実践から得られた改善点は次年度まで生かされないのである。つまり、眼前の生徒に「今、ここに」というカリキュム・マネジメントの恩恵を還元することはできないのである。ならば、「いじめ」「情報モラル」「環境保全」等々、現代社会が包摂する多様な課題でテーマ設定し、複数時間でのユニット（小単元）を組んで生徒に一貫した課題意識をもたせた授業展開方法も可能であろう。

　学級担任中心の授業展開となる小学校に比べ、教師の負担軽減の視点からローテーション道徳を実施している中学校も多いが、生徒の道徳的実態理解もなしに1単位時間で次々と別学級を指導して回る指導効果にはやや不安を覚えるのでないだろうか。ならば、生徒も一貫して課題追求しやすく、教師も生徒との関わり合いを大切にする中で生徒と共にテーマを深め合えるユニットを用いた授業にし、同一時数で組んだユニットを各教師が順番にローテーション指導していくことも可能である。学校行事等が多いからと、できない理由を並べるよりも、どうしたらやれるかを考えたいものである。

　課題テーマに基づく複数時間構成のユニットを用いたカリキュラムの長所は、初回授業実践での改善点を踏まえて次時授業計画を微調整して構想できることである。このようなマネジメントが可能になると、生徒の道徳的実態や教師の指導改善視点も踏まえた「今、ここに」の授業が可能となってくる。カリキュラム・マネジメントではPDCAサイクルの必要性を問われるが、1年かけての当該生徒に還元されないような改善計画は意味をなさないのである。生きて働く目の前の生徒のためのマネジメントをぜひ考えたい（**図5**）。

　このような道徳科カリキュラム構成にしたら、何が変わってくるのであろうか。まずは今、目の前にいる生徒のための授業づくりが強く意識化されるであろうし、教師自身が日々担当する教科指導と同様に連続的な学びの見通しをもたせた授業構成にすることができるのである。誰のための、どんな目的性を有した道徳科授業であるべきなのかを教師が意識することができるなら、「主体的・対話的で深い学び」を実現するユニット構成はさほど困難なことではなくなってくるのである。

　同時に、毎時の道徳科授業実践から年間指導計画や道徳教育全体計画をボトムアップで見直し、次年度改善のための検討機会とその記録保存システムを学校全体の課題として共有しておくことも違和感なくできる学校風土も必要である。その主な機会は学年会といった場になるであろうし、全校的な視点から各学年での課題や具体的な改善点等を集約する役割は道徳教育推進教師が担うことになろう。一教師という点の指導から、教師集団という面での指導への改善を期待したい。

　教科担任制で日々の教育活動が展開される中学校において、道徳科はその指導そのものの不慣れさや指導成果の見取りをすることの難しさからどうしてもお座なりな指導になってしまう傾向にあることは否めない事実である。そんなときに学年協業体制を可能にできるようなユニットを用いたローテーション授業を積極的に導入するなら、道徳科のみならず生徒指導の側面でも得るものは計り知れない。眼前の生徒の道徳的実態を踏まえ、改善しつつの授業実践というのは、学年所属教師それぞれの生徒評価や授業改善に資する認識をモデレーションすることそのものであることを肝に銘じたい。

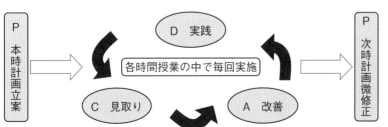

図5　継続的評価に着目する道徳科カリキュラム・マネジメント

3 カリキュラム・マネジメントを可能にする道徳科ユニットのモデル

学習指導要領第3章「特別の教科　道徳」第3「指導計画の作成と内容の取扱い」1には「各学年段階の内容項目について、相当する各学年において全て取り上げることとする」と明記されている。

つまり、年間35時間で設定されている道徳科総時数のうち、すでに22時間は取扱いが必須となっているのである。残りの13時間を学校や生徒の道徳的実態に即した重点的な指導、各学年を見通した内容項目間の関連を密にした指導、複数時間による指導が可能となるようなユニットを用いたカリキュラムとして計画できることが大きなポイントである。

そこには生徒の日常的道徳生活実態を考慮しつつも、学校として、学年として3年間もしくは1年間かけて計画的に変容を促そうとする先見的な指導観が不可欠である。**図6**は、そんな前提の下に考案された道徳科ユニットのタイプモデルである。

Type1の重層型ユニットは、同一の内容項目を複数時間にわたって連続して指導するので、生徒にその価値が有する意味を深く追求させることが可能である。この重層型ユニットの実施にあたっては、生徒の道徳的実態把握が的確になされている必要があろうし、同一の内容項目でも用いる教材を工夫することで様々な視点から課題追求することが可能である。

例えば、「生命の尊さ」を限りあるかけがえのない個の生命という側面で捉えるのか、あるいは、個体としては有限でも子孫へ連綿と引き継がれるその崇高で畏敬に満ちた連続性に着目させてその価値認識を深めていこうとするのか等々、多様で多面的な切り口から道徳的諸価値理解を促進することが重要である。

また、Type2の連結型ユニットは、道徳的テーマ追求という視点から様々な価値フィルターを通して検討することで、自らの道徳的価値観を拡がりと奥行きのあるものとしていくことが可能となってくる。多様な道徳的価値が複合的に交錯している現代社会では、こんな複眼的思考は不可欠であるし、大切にしていきたい視点である。

3番目のType3となる複合型ユニットは、連結型ユニットで見られる多様な価値フィルターを通してテーマ追求するだけでなく、他教科等での学びもテーマの中に取り込んでしまうことで広い視点で、より複眼的に課題追求することを意図した複雑化する現代社会対応型の学びユニットである。

ここまでで既に理解が及ぶかと思われるが、教師が日々取り組んでいる道徳科授業はただ単独で無目的に実践されているのではないということである。学校教育目標具現化の1パートを担い、そこでの成果が他教育活動に波及することで相互連環的に生徒の望ましい人格形成へと寄与するのである。その意味で、学校教育全体で行う道徳教育という取り出し教科として指導する道徳科の連携を大切にしていきたい。

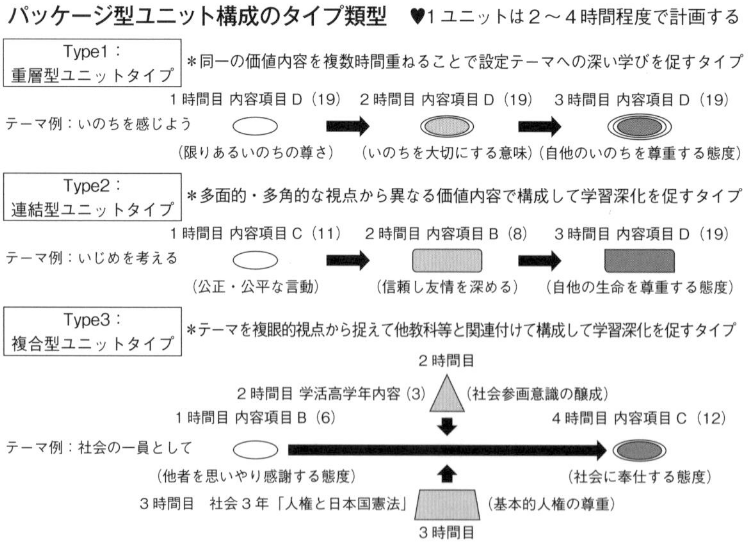

パッケージ型ユニット構成のタイプ類型　♥1ユニットは2〜4時間程度で計画する

図6　パッケージ型ユニット構成の基本的な考え方

4 道徳科カリキュラム・マネジメント充実促進のための要諦

　堅苦しい表現だが、道徳科年間指導計画のマネジメントも、毎時間の道徳科授業マネジメントも、その根本の部分にはグループ・モデレーション手続きが不可欠なのである。モデレーションの語意は異なる部分を緩和する、調整手続きで比較可能にするといった含意があり、正確に調整するというキャリブレーション（calibration：較正）とは対比的な考え方である。道徳科年間指導計画のマネジメントといってもそれを評価する実践者の事情によって大きく異なるが、学年会等の場で語り合って平準化していくことで次年度への改善点やその手続き的な了解が参加者の相互共有として得られる。

　次に授業マネジメントとしてのモデレーション手続きであるが、その主体者は言うまでもなく道徳学習を自ら促進する生徒たちである。道徳性はいくら教師が教え込もうとしても、当事者が納得しなければ不可能なのである。ならば、何で道徳科授業においてグループ・モデレーションが重要なのか。それは、道徳科授業において協同的な道徳学びを実現していくためにはその必然として共通学習課題の共有がどうしても必要だからである。つまり、モデレーション手続きである。もう少し補足するなら、道徳科授業において生徒一人一人が主体的な自分事の学びを開始するためには、その前提となる個としての道徳的問いをもっていることが必要である。その問いの究明に向けて学び深めていくためには、異なる価値観をもつ他者との語り合いを実現してくれる学習集団が不可欠なのである。

　その異なる価値観を内包する学習集団での語り合い・学び合いにおいては、その内容が散漫にならないようにするために共通学習課題（学習のめあて）設定が不可欠である。それがあってこそ、集団的語り合い学習のプロセスでは多様なものの見方・感じ方・考え方が示され、個としての問いを探求する上で必要な情報を多面的・多角的な視点から生徒一人一人に様々な示唆を与えてくれる。そして、それが結果的にどう自分の学びに影響を及ぼし、そこで何をどのように深める学習にできたのかとそれを自己評価する手がかりになるのである。

　道徳的な学習成果や自己成長実感をモニタリングできるのは、ほかならぬ学習主体者である生徒自身であることを勘案するなら、そのための自己評価規準となる共通学習課題をどう設定するのかは道徳科授業の肝となり、そこでの生徒の道徳科学び創出の要諦となるのである。そんな生徒個々の道徳的問いを摺り合わせ、調整し、互いの納得的共有というグループ・モデレーション手続きを経ていくことは、まさに個として他者と共によりよく生きることを意図する道徳科授業においては、何をさておいても重視しなければならないことである。この生徒個々の主体的な道徳的問題意識としての「問い」を引き出し、その協同学習を可能にするための共通学習課題を設定・共有し合うためのグループ・モデレーションとは、道徳科授業マネジメントそのものでもあるのである。生徒自身の主体的な学びを実現するために欠かせない道徳的問いを生まないような授業、その道徳的問いを解決するために不可欠な多面的・多角的な協同学習の場を創出する共通学習課題設定と共有手続きをもたない授業では、これからの道徳科新時代、令和の日本型道徳科授業の具現化された姿として掲げる個別最適な道徳学びも、生徒が互いに道徳的価値観を拡げ深め合う協同的な学び（集団的合意形成としての協働ではなく個としての納得解を紡ぐための協同学習という観点から）も実現することができないであろう。

　従前の「道徳の時間」でその育成が求められていた道徳的実践力と今日の「特別の教科　道徳」＝道徳科で育みが期待されている道徳性にその本質的な差違はないのであるが、そこで期待される道徳的資質・能力育成を視座したとき、道徳科における内面的資質形成を可能にする授業マネジメントの考え方や進め方を問い直すと、やはり同様の実践視点ではないと考えるのである。つまり、これからの道徳科授業づくりは、しっかりと生徒一人一人を見つめ、教師一人一人が道徳科の特質を踏まえた授業づくりをしていくことが何よりも大切であろうと考える次第である。

　本書で提案する毎時の板書計画と授業展開事例は、未来志向型の道徳科授業づくりの一歩である。

3

第1学年における
道徳科授業の展開

私らしさって？

主題 自分の意志をもつこと

A(1)自主、自律、自由と責任

本時のねらい

　自ら考え、判断し、実行し、自己の行為の結果に責任をもつことは道徳の基本であり、一人の人間として誇りがもてるようになる。しかし、中学1年生の時期は、周囲を気にして他人の言動に左右されてしまうことも少なくない。

　小学校時代に友人のアキの影響を受けて積極的に活動してきた主人公のユウコ。中学校ではアキと別のクラスになったために、自分に自信をもつことができず、自分の意見を言う機会が減ってしまっていた。ユウコの言動を批判的に考えさせることから学習課題を捉えさせ、ユウコがどのように生きていけばよいかという問題解決的な学習から、自分の意志をもって自主的に生きることの素晴らしさに気付かせていく。

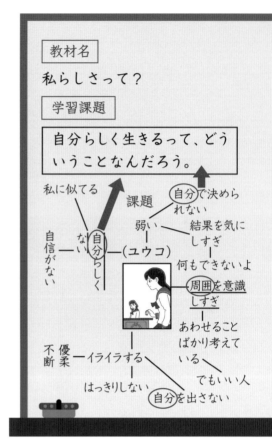

本時の展開 ▷▷▷

1 学習課題を設定する

必須発問①
中学校でのユウコの言動について、どう思うか。

　教材全体を通して、中学校でのユウコの言動についてどう思うかを考えさせることにより、どこに問題があるかを生徒に捉えさせる。その際に、ペアや小集団での対話を通して、問題点を多面的・多角的に考えさせることが大切である。

　そして、生徒が導き出した問題点を本時の学習課題とする。ユウコの他者を頼りにする姿勢や周囲の反応を気にする態度などが問題点として出されると予想されるので、「ユウコはどうしたらよいのか」という問題解決的な視点で学習課題を設定する。

2 共通解を考える

中心発問
ユウコが「ユウコらしく」行動することができるようになるためにはどうすればよいだろうか。

　1で立てた学習課題を解決するための発問とする。教材の最後の場面でのアキの言葉「ユウコらしくないよ」という言葉を捉えて、ユウコらしく行動するとはどういうことかを多面的・多角的に考えさせる。

　生徒からは、「自分に自信をもつ」「周囲を気にしない」といった発言が予想されるが、「そのように変わるためには何が必要ですか」といった追発問をすることにより、共通解を導き出すきっかけとしたい。うわべの解決で終わらないようにすることが大切である。

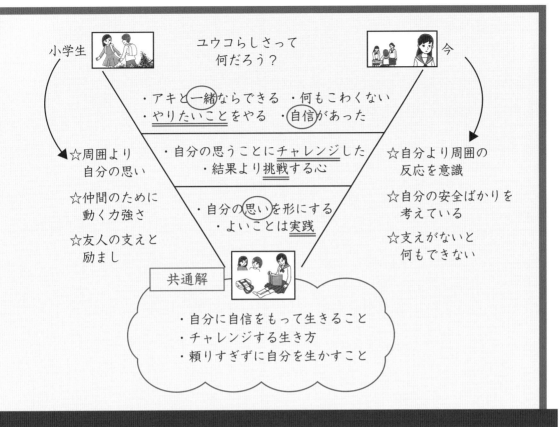

ユウコらしさって
何だろう？

小学生

・アキと一緒ならできる　・何もこわくない
・やりたいことをやる　・自信があった

☆周囲より
　自分の思い

・自分の思うことにチャレンジした
・結果より挑戦する心

☆自分より周囲の
　反応を意識

☆仲間のために
　動く力強さ

・自分の思いを形にする
・よいことは実践

☆自分の安全ばかりを
　考えている

☆友人の支えと
　励まし

今

☆支えがないと
　何もできない

共通解

・自分に自信をもって生きること
・チャレンジする生き方
・頼りすぎずに自分を生かすこと

3 納得解と向き合う

必須発問②
ユウコの悩みの解決から、自分自身の言動につ
いてどんなことを気付いたり考えたりしたか。

　終末に主人公のユウコと自分自身の考え方や
行動を比較し、これまでの自分自身を客観的に
見つめさせるとともに、問題解決的な学習を通
して学んだことから何を得たかを深く考えさせ
る時間を設定する。
　多くの生徒は、自分に自信がもてないユウコ
に共感するとともに、どのように変わっていけ
ばよいかという納得解を授業の中で獲得してい
る。できるだけ多くの生徒に発言させたり、
ICT端末で共有したりして、他者理解を図るこ
とも大切である。

よりよい授業へのステップアップ

思考ツールを活用する

　本時の授業は、主人公であるユウコ
の悩みを生徒が主体的に解決するとい
う授業展開である。主体的に解決して
いくためには、「問い」の設定が極め
て重要になる。導入でユウコの言動の
どこに問題があるかを話し合うが、そ
の際に「思考ツール」を活用する。問
題点を分類したり、関連付けたりする
ことを効果的に行うためである。X
チャートやイメージマップなどを使っ
た可視化された意見を基にした対話活
動を行うことにより、生徒の問題解決
への意欲が必ず高まっていく。

教材名　　　　　　　出典：光村

裏庭での出来事

主題 誠実

A（1）自主、自律、自由と責任

本時のねらい

　自ら考え、判断し、実行し、自己の行為の結果に責任をもつことは道徳の基本であり、自己の行為により生じた義務を良心的に忠実に果たすことは生きる上で重要である。

　本時では、裏庭での出来事における登場人物それぞれの行動を通して、何が正しく、何が誤りであるかについて考えることで、望ましい行動を取ろうとする実践意欲及び態度を養いたい。

　また、悪を悪としてはっきりと捉え、それを毅然として退けるなど、自分や社会に対して常に誠実であることの大切さにも気付かせたい。

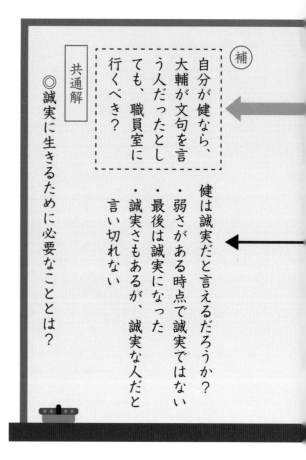

補

・自分が健なら、大輔が文句を言う人だったとしても、職員室に行くべき？

共通解
◎誠実に生きるために必要なこととは？

・健は誠実だと言えるだろうか？
・弱さがある時点で誠実ではない
・最後は誠実になった
・誠実さもあるが、誠実な人だと言い切れない

本時の展開 ▷▷▷

1 学習課題を設定する

必須発問①
裏庭での出来事の問題点はどんなことだろうか。

　この授業では、裏庭での出来事に対して主人公が取った行動や判断から、学習課題について考えさせる流れを想定している。

　そのため、1つ目の発問では、今回の出来事の問題点を、どの人物による、どのような行動や判断なのかについて整理しておきたい。

　問題点についての共通理解が図られた上で、対する行動や判断について考える時間（中心発問）へとつなげていきたい。

2 共通解を導き出す

中心発問
「僕、やっぱり松尾先生のところに行ってくるよ」と言った健の行動や判断をどう思うか。

　健の行動や判断に対して、望ましい行動や判断を行う「すごさ」、行うことができない「弱さ」、それらへの「共感」を中心に様々な思いを生徒が抱くことが考えられる。それらを XY チャートなどの思考ツールを活用し整理したい。

　また、整理したものを生かし、必須発問②でゆさぶりながら、深い学びへとつなげていきたい。

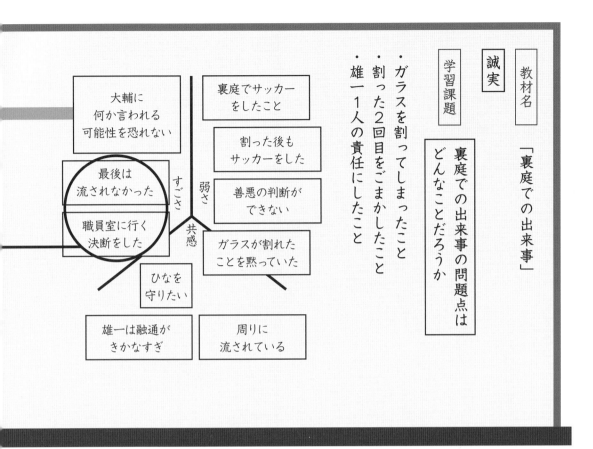

3 納得解と向き合う

必須発問②
健は誠実だと言えるか。自分が健なら、大輔が文句を言う人でも、職員室に行くべきか。

この教材の面白さは、誠実を絵に描いたような人物が登場しないところだと考える。中心発問は健について問うが、生徒から出される意見に対し、健について深掘りする発問のみならず、大輔や雄一、自分自身に視点を移した発問を繰り出したい。必須発問②として2つ記載したが、授業の流れによっては別の発問も考えられる。

実際の授業については5つ以上の発問を用意し、子どもと授業を創ることを意識しながら、柔軟に臨みたい。

よりよい授業へのステップアップ

ズレを起こさせる発問を用意する

教材後半で主人公が「大輔は自分で決めろよ」と発言し、自ら判断して望ましい行動を取ろうとする場面がある。

大輔の曖昧な姿に対し自己決定を促すこの行動は「望ましい」一方で、友人からの非難など、様々な"弊害"が頭をよぎる勇気のいる行動であることも事実である。その"弊害"を想定した発問を行うことで、より誠実であることの重要性についてリアルに迫ることができると考える。

教材名　　　　　　　　出典：東書

山に来る資格がない

主題 **安全を守る判断**

A (2)節度、節制

本時のねらい

　主人公たちは、登山に向かう。前夜、先生からは、起床が早いため準備ができ次第眠るように指示をされたが、主人公たちはトランプで遊ぼうとする。先生にお願いしたが認められず、ついにこっそりトランプをして夜更かししてしまった。何とか登りきるも、他の班長から「山に来る資格がない」ときっぱりと言われてしまった。

　夜更かしして遊びたいというのは、多くの中学生が共感できる。役割演技を通して、安全な生活のために考えを深めたい。

　「山に来る資格がない」とはどういうことかを考えることを通して、安全な暮らしをするために節度、節制を守ることの大切さを理解し、充実した生活を送ろうとする判断力を育てる。

○ 中学生だから自分で決めたい！

○ 迷惑をかけていない（自己責任）

○ 友達との交流も大切

○ 30分くらいなら…（△でもできないし…）

△ 山を登りに来た（早寝・早起き）

△ 元気モリモリで快適に

△ トランプはどこでもできる

△ 疲れがでるはず

本時の展開 ▷▷▷

1 学習課題を設定する

必須発問①
川田たちが夜更かししてトランプをした判断をどう思うか。

　はじめに、教材の状況を提示した上で、教師が「石山」になって役割演技をする。代表生徒との役割演技を見て、感じたことや考えたことを話し合う。

　次に、教材での主人公の実際の判断と行動を示し、その判断をどう思うかを話し合う。

　そして、その判断をした結果、登山はなんとかやり切ったが、他の班長から「山に来る資格がない」と言われてしまったことに触れ、「山に来る資格」とは何なのか、という問いをもたせながら学習課題につなげ、教材を範読する。

2 共通解を考える

中心発問
「『山に来る資格』がない」とはどういうことなのだろう。

　1で「この判断は共感できる」とする意見が一定数出てくることが予想されるため、ここで「では、この判断は正しい判断だと言えるか」と問うことで、共感できることとその正しさが一致しないことを自覚化させたい。

　そして、山に来る資格とは何なのかを考えていく。けがの防止や登山をしっかりと楽しめる状況を作ることなど「安全」に配慮することという解を基に、「主人公たちは果たして山に来る資格があるのかないのか」を考えさせる。

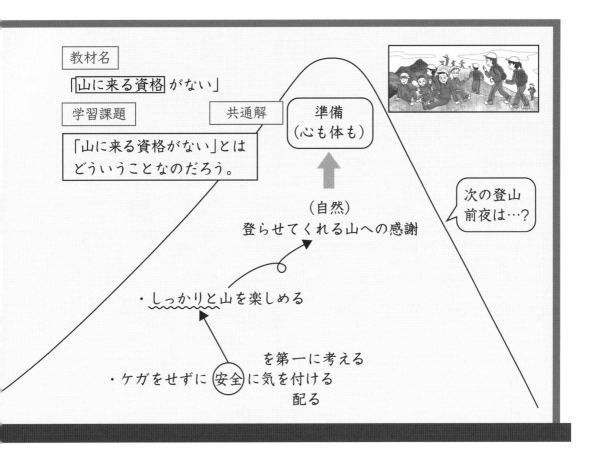

3 納得解と向き合う

必須発問②
あなたが「山に来る資格」を深く考えた川田だったら、次の登山のとき、どんな判断をするか。

1で行った役割演技を、以下のように少し状況を変えて行わせる。「あなたが、山に来る資格がないと言われ、深く考えた川田だとする。次の登山に行ったときに、初めて参加した山田が、夜更かしをしてトランプをしようと言ってきた」

ここでは、「共感できるが正しいとは言えない」という思いを大切に取り扱いたい。そして、改めて、「川田たちの判断を今どう思うか」を問いかけたい。そのことを踏まえて、本時の翌朝に振り返りを記述させる。

よりよい授業へのステップアップ

役割演技を意図的に活用する

役割演技をどの場面でどのような目的で取り入れるのかを、教師が明確に意図しておくことが大切である。

本事例では、まず導入で行ったが、子どもの問題意識を高めることを意図している。「自分ならどうするか」「気持ちは分かる」のように自分との関わりで考えるきっかけとなる。また、終末でもほぼ同じ状況で役割演技を行った。ここで条件を少し加えることで、導入では「こうかな…」と思っていたことが、終末では「こうありたい」という発言に変容が期待できる。

「養生訓」より

主題 欲をこらえる

A (2)節度、節制

本時のねらい

　「節度」を守り、「節制」に心掛けることは、心身の健康を増進し気力と活力に満ちた充実した人生を送る上で欠くことができない。しかし、中学生の時期は、心と体の発達の不均衡により、弱い心をコントロールできず、つい衝動にかられた行動に陥ることがある。

　夜ふかしをして体調が悪い中学生の友香のところに、「養生訓」を書いた江戸時代の学者、貝原益軒が登場し、健康に過ごすにはどうすればいいかを教える。

　自分の欲望や衝動に負けず、ほどよさを保つことが実は難しいことや、それを貫き自分自身をコントロールすることが、充実した人生につながることを自覚し、節度を守り節制を心掛けようとする心情を養う。

本時の展開 ▷▷▷

1 学習課題を設定する

必須発問①
自分の欲にはどのようなものがあるだろう。

　導入では、価値への方向付けを行わず、教材の範読から始める。範読後、「欲とは何か」及び「教科書に出てくる欲」を簡潔に確認した後、「自分の欲にはどのようなものがあるか」と問う。小グループで自分の欲について交流した後、一番共感できる「欲」をグループで一つ決め、短冊に書く。

　短冊を黒板に貼った後に、全体で「これらの欲はこらえることができる？」と投げかけ、本時の学習課題「欲をこらえるために大切な考え方は何だろう？」につなげる。

2 共通解を考える

中心発問
どうしたら欲をこらえられるか？

　短冊に書いた「欲」を、「こらえたほうがよい欲」と「こらえなくてよい欲」に分け、その理由を話し合わせる。話し合いを通して、全ての欲を我慢しなくてよいことやこらえなくてよい欲の条件に気付かせたい。

　その後、こらえたほうがよい欲に焦点化する。欲をこらえることが難しい点を簡単に話し合った後、「どうしたら欲をこらえられるか？」と問う。考えを4〜5つに類型化し、その理由を話し合う過程で、「欲をこらえるために大切な考え方」について共通解を導き出したい。

こらえたほうがよい欲	こらえなくてよい欲

食欲　　インターネットの欲　　　　K-pop欲　　　部活の練習

ゲームの欲　　　　　　　休みたい　　　寝たい

↓

もっと別のことができたかも…
こらえたい。でもできない…

↓

②どうしたら欲をこらえられるか？

ア．こらえて得られるメリットを考える。
イ．リフレッシュして自分をコントロールする。
ウ．心にも体にも悪くない「欲」を探す。
エ．未来を考え、「いずれ…」という考えをもつ。

誰にも迷惑をかけない。
健康にもよい。
→みんなが幸せになるなら…

なぜ大切？

・ポジティブ思考はこらえやすい。
・心も健康…本当の楽しさ
　→自分が健康じゃないと
　　悲しむ人がいる。
・今はよくても…→我慢が幸せに！

共通解

・他人の幸せを守れるならこらえなくて
　よい欲がある。
・欲をこらえることが幸せな人生につながる。

---

3 納得解と向き合う

必須発問②
あなたも、自分の「養生訓」を作ってみよう。

　終末に、自分の「養生訓」を考えさせる時間を設定し、本時の振り返りを行う。

　特に、教科書 p.21上段の「欲をこらえるには」を重点的に記述するよう促す。話し合いで出された、欲をこらえる考え方や、「なぜ欲をこらえるのが大切か」に意識を向けさせ、自分自身の生き方と向き合わせたい。

　授業後に、学級活動と関連を図り、「自分が作った『養生訓』を守って、１週間生活をしてみよう」と投げかけることも、道徳的な実践に結び付き効果的である。

よりよい授業へのステップアップ

ICT の活用

　2の「こらえたほうがよい欲」と「こえらえなくてよい欲」を分ける際に、ICT を活用してグループで分類する活動を行うのも効果的である。グループで「自分の欲」を考えた後、付箋ツールに記述し、全グループに提出させる。そして、付箋をグループで話し合いながら分類する活動を行うことで、こらえなくてよい欲の条件を導きやすい（ポジショニング機能を活用してもよい）。分類した内容は即時に共有が可能なため、時間短縮につながり後半の話し合いに時間をかけられる。

自分の性格が大嫌い！

主題 互いに認め合う心

A⑶向上心、個性の伸長

本時のねらい

　中学生は、他者との比較から劣等感に悩みがちで、自己の欠点にばかり目が行き、なかなか自分の長所に気付くことが難しい。

　「自分の性格が大嫌い！」は、作者の短所の捉え方や「短所と長所の両方を公平に見つめる」という考え方に触れることで、自己との対話が人生を豊かにすることに気付き、向上心や個性の伸長を育むことができる教材である。

　導入で「いいとこさがし」を生活班ごとに実施し、互いの「よさ」を指摘し合い、長所に目を向けさせるところから授業を始めたい。この活動を通して自分を肯定的に捉え、長所と短所は表裏であることに改めて気付き、自分の短所を個性と捉えて伸ばしていこうとする意欲を育てる。

> 教材名
> 「自分の性格が大嫌い！」
> 学習課題
> 自分の長所・短所とどう向き合っていったらよいだろう。
>
> 自分のいいところは？
> ない
> 人には言われる ◀━━▶ 自分では
> 　　　　　　　　　　　そう思わない
> 「いいとこさがし」をやってみて
> びっくりした ◀━━ 自分では
> うれしかった　　 考えたこともない
> 自分の事なのに
> 案外わからない
> 友達がよく色々な所を見ている

本時の展開 ▷▷▷

1 学習課題を設定する

必須発問①
「いいとこさがし」の活動を通して、どんなことを感じたか。

　各自の長所をワークシートに記入すると「自分にはいいところがない」と答える生徒がほとんどであろう。A４用紙を横８等分に折り、一番上の行には自分の名前を記入して班の中で回す。１人目の生徒は下２行目から書き、１分ほど時間を確保したら一番下の行を折り上げて記入内容を隠す。２人目以降も同じように回していく。本人に用紙を戻したら、全員一斉に開ける。温かな雰囲気が学級に生まれ、笑顔が広がる。指摘された自分のよさを読んで、感じたことをワークシートに記入する。

2 共通解を考える

中心発問
「自分との付き合い方」を覚えると、人生が楽になるのはどうしてか。

　教材を範読した後で、自分と付き合うとはどういうことか、席が近い生徒同士で意見を交換し、指名することで考えを学級全体でシェアする。その後、ワークシートに自分の考えを記入し、ワークシートをタブレット等で撮影後、アプリを使って画像を提出する。提出後、自由に立ち歩いて意見交流をする時間を設定してもよいだろう。提出された画像を全員で共有することで、意見交流できなかった多様な友人の意見にも触れることができる。「メタ認知」等に関する意見も想定される。

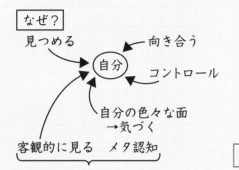

「自分との付き合い方」を覚えると
　人生が楽になる

なぜ？

見つめる　　　　→ 向き合う

自分

コントロール

自分の色々な面
　→ 気づく

客観的に見る　メタ認知

　　まず、自分を知る
　　→ いろいろな方法を探せる

　　知らないと…
　　短所を良くできない

自分の長所・短所とどう向き
合っていきたい？

みんなはいいところばかり
　言ってくれた

短所も、悪いところも
→ 改善していく

共通解

・短所も長所も含めて自分
・短所も見方を変えれば長所
・いいところはのばして、欠点は直していく
・友達は、自分のことをよく見ている
・自分の良さに自信を持つ

3 納得解と向き合う

必須発問②
自分の長所・短所とどう向き合っていきたいか。
今日の授業を通して学んだことを書いてみよう。

　「短所」を回転させると「長所」に見えるノムライッセイさんのアンビグラム（本書 p.62）を紹介する。その後、自分の長所・短所とこれからどう付き合っていくかについてワークシートに記入する。ここでは、これからの自分の在り方を素直に表出することができるように、意見交流や発表はせずに、学級通信を通して匿名で他の意見に触れることができるようにするとよい。違った角度で自分の長所・短所を改めて見ると新たな気付きがあることに目を向けることができるだろう。

よりよい授業へのステップアップ

体験的な活動を生かす

　本時では、生徒が相互のよさを指摘し合う「いいとこさがし」を授業の中に取り入れる。タブレットのアプリを活用してカードを送り合う方法もあるが、本時ではＡ４用紙を８等分し、生活班で互いに書き込む方法を設定している。授業後、用紙を道徳ファイルに綴っておくことで、随時自分のよさを再確認できる。自己肯定感を高めるだけでなく、学級の温かな人間関係の醸成にもつながる。本時のみでなく学校行事の後など、年に数回違った班のメンバーで実施するのも効果的である。

トマトとメロン

主題　みんな同じがよいのか

A⑶向上心、個性の伸長

本時のねらい

　「自己を見つめる」場面は、自我が発達する中学生の日々の生活の中で、くり返し訪れる。自己評価と他者への意識は表裏一体の関係であり、「自分は何者か」の判断に、他者との比較や評価は切り離すことはできない。それらをどう受け止め昇華するかは、将来への人格形成に大きな影響を与えるため、重要な意味をもつ。

　本教材では、多くの場合、「自分と他者を比べること」に対して一面的な見方ばかりであることを気付かせ、自分の特性を捉えさせ、多様な視点から見える自己の美点について、目を向けるように促している。

　自己の内面に目を向け、気付いた自己を肯定することで、前向きに自分を信じて進んでいこうとする道徳的実践意欲・態度を養う。

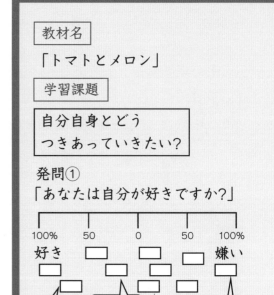

本時の展開　▷▷▷

1　学習課題を設定する

必須発問①
あなたは自分が好きですか。

　はじめに数直線での意思表示を行い、自分のことを肯定的に見ているかを問う。次に、その回答を黒板上にネームプレートを貼る、もしくは電子掲示板ソフトなどを利用して情報機器上に意思表示をさせ、「自分がどの程度そう考えているか」と「そう考えた理由」について、共有をさせる。そこで自我が芽生え育つ過程において、多くの生徒が自己肯定感を低下させ、自信がない状態に陥っていること、またその中でも自分を肯定し力強く進んでいる者もいることに気付かせる。

2　共通解を考える

中心発問
肯定的、否定的の受け止めで新たな発見は何ですか。

　相田みつをさんの「トマトとメロン」の詩から「本来、それぞれが違う存在である両者を、第三者の価値観で品定めしている」ことを押さえ、「他人が決めつける評価にとらわれ苦しむことが無意味であり、不合理であり、人間の弱さであること」に気付かせ、自分が一番心に残った部分を交流する。

　その上で、否定的な思考、肯定的な思考、それぞれの態度から導かれる結果を想定し、「どう生きること」が自らにポジティブな結果をもたらすかを考える。

発問②「肯定的、否定的の受け止めで新たな発見は何ですか」

・みんな、自分を否定的に見ている人が多い。
・意外な人が「自分を好きじゃない」と答えていた。不思議。

分析：自分のことを肯定的に考えるのは難しい。

・○○くんが自分のことを好きだといったことがすごくかっこいいと思った。
・自分を好きだといった人は前向きに頑張っている人が多いと思う。

分析：自分のことを肯定的に考えると前向きに頑張れる

共通解

自分のことを肯定的に考えるのは難しいけれど、できると前向きに頑張れる。

発問③「どのように発想を変えていくのが有効か」

・ネガティブなのは悪いことか
・それを逆の見方をしてみたらどうなるか
・その受け止め方で何が生まれるか
・なぜ人は他者と比べてしまうのか
・その自己評価に他の人も同意見か

3 納得解と向き合う

必須発問②
どのように発想を変えるのが有効か／多様な価値観での新たな視点にはどのようなものがあるか。

　他者の決めつけや価値観の押し付けが、個性の尊重を妨げ、人々が生きることの息苦しさになっていることに気付かせ、どのように新たな視点を取り入れていくかを考えさせる。
　「自分ができていないと思うことが本当にそうなのか」「なぜ人は他人と自分を比べてしまうのか」「自分がそうだと思っていることは、みんなも同じ意見なのか」など、今一度既成概念から「そうだ」と思っていたことを見直し、他者と多様な価値観をすり合わせる時間を十分確保する。

よりよい授業へのステップアップ

既成概念を壊す発問で思考を深める

　2と3の場面、「ポジティブ」「ネガティブ」という言葉を使う際に、そもそも「ポジティブ」ならよい、「ネガティブ」なら悪いと考えてしまいがちである。「ネガティブ」は言い替えれば、慎重派、内省的、謙虚ともいえる。自己の性質を多面的・多角的に見ることで、肯定しにくかった自己を認めることにつなげる。また、人間が他人と比べたがるときに、優越感を無意識のうちに感じようとしていないかなど自戒の念を育てることも期待できる。

風を感じて ―村上清加のチャレンジ―

主題 挑戦し続けること

A (4)希望と勇気、克己と強い意志

本時のねらい

　主人公は事故で右脚をひざ上から失う。「できるかできないか分からないなら、とにかくやってみよう。」努力の末、競技用義足で走り、風を巻き起こし、風を感じることができた。その瞬間、「自分の周りがパーッと輝いた」体験から主人公は、陸上大会に出場し、自分の記録を縮めていく。ゴールは決めず、何にでも積極的にやっていきたいと語る。障がいを乗り越えるすごさより、自分の可能性を試して挑戦し、周囲への感謝を忘れない姿がすがすがしく、中学生には共感しやすい。

　目標が達成されたときには満足感を覚え、自信と、次に向けて挑戦しようとする勇気が起こる。自己の可能性を伸ばし、目標に向かって挑戦しようとする道徳的意欲と態度を養う。

> |共通解|
> 目標に向かって挑戦し続ける生き方のよさとは何だろう。
> ○ 自分の可能性を伸ばしたり、どんな可能性があるかを知ったりすることができる
> ○ うまくいかなくてもまた頑張ろうという力が湧い
> ○ 自分に自信が持てるようになる
> ○ 頑張る姿を見せると他の人も頑張れたり、喜んだりする

本時の展開 ▷▷▷

1 学習課題を設定する

必須発問①
主人公が目標に向かって、次また次へと挑戦し続けるのはどんな気持ちからだろうか。

　主人公がどのように生きてきたかを理解させたい。右脚をひざ上から喪失後、「障がい者を特別な目で見てきた自分に気付く」「分からないなら、とにかくやってみよう」「自分の周りがパーッと輝いた」「明確な目標をもつ」「自己ベストを縮める」「ゴールは決めてない。まだいける」という考え方とその変化をしっかりと理解する。最初に「自分の周りがパーッと輝いた」とき、どんなことを考えたかと発問することで必須発問①は考えやすくなる。

2 共通解を導き出す

中心発問
目標に向かって挑戦し続ける生き方のよさとは何だろう。

　「障がいがあるのにすごく努力して頑張った。困難に負けず頑張る人ってすごい」というような理解では、自分事の理解に至らない。挑戦し、努力して目標を達成することは自分の長所や可能性を発見することになるというプラスの面に注目させたい。目標を達成したときの喜びや満足感は、自信につながり、次への原動力になること、たとえ失敗することがあっても、また挑戦することで自分の他の可能性を知るということについて、自己内対話とクラスメートとの対話から考えを広げる。

教材名

「風を感じて―村上清加のチャレンジ―」

学習課題

挑戦し続けて生きることのよさを
考えよう。

↑

できるかできないか
分からないなら
とにかくやってみよう

自分の周りがパーッと
輝いた

この時、村上さんはどんなことを考えたか？

できるんだ！
自分ってすごい！
頑張ってみてよかった
自分を信じてよかった

村上さんが目標に向かって、次また次へと挑戦し
続けるのはどんな気持ちからだろうか。

周りの人へ感謝を伝えたい
喜びを生むのがうれしい
達成感を味わいたい
満足感を味わいたい
自分の可能性を試したい

3 納得解と向き合う

必須発問②
今のあなたの生き方に村上さんはどんなアドバイ
スをするだろうか。想像して書いてみよう。

　この発問で、生徒はまず自分の生き方を振り
返り、自分の生き方を俯瞰する。自分のよさや
強み、弱みを見つめる。共通解を基に、自分に
とって何が必要なのかを考えることができる。
自分のよさや弱みに対して、「こんなことを
言ってほしい」と生徒は思う。村上さんからの
アドバイスという形を取ることで、村上さんと
自分をつなぎ、これからどのように生きるべき
か考えを深め自覚し、人間としてよりよく生き
ようとする意欲と態度を養うことができる。

よりよい授業へのステップアップ

**「この人は特別だから」にしな
い！**

　障がいや困難を乗り越えて頑張って
いる方や偉人の教材は生徒がその方々
の素晴らしさや、なぜそこまで頑張れる
のか、その原動力について考え、理解
することができる。しかし、「この人だ
からできた」「この人は特別な人だ」と
感じ、「自分にはできない」「自分とは違
う」となることが多い。そこが難しい。
主人公と生徒（自分）が乖離しない発
問を工夫したい。道徳的価値を理解し
た後、自分事として現実味を帯び、共
通解が納得解につながるようにする。

夢を諦めない ―「ねぶた師」北村麻子―

主題　逃げないで…

A ⑷希望と勇気、克己と強い意志

本時のねらい

　人は生きていく上で、困難や失敗があっても、それを乗り越え最後までやり遂げようとする強い意志をもつことが大切である。しかし、中学生の時期は、希望があっても、困難に直面すると、挫折することを恐れて回避したり、強いストレスを感じてしまったりして、諦めてしまうことがある。

　主人公の「麻子」は、それまで一人もいなかった女性初のねぶた師になる夢を実現するために、弟子入りを許さない父の仕事場で、何年も見よう見まねの独学を続け、ついにその努力や実力を父に認められる。たとえ努力が認められず、思い通りの結果に結び付かないと思えるときにも、挑戦から逃げずに乗り越えようとする心情を育てる。

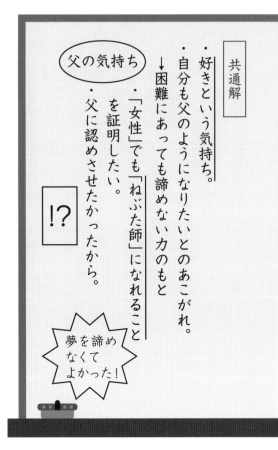

共通解
・好きという気持ち。
・自分も父のようになりたいとのあこがれ。
↓
困難にあっても諦めない力のもと

父の気持ち
・「女性」でも「ねぶた師」になれることを証明したい。
・父に認めさせたかったから。

!?

夢を諦めなくてよかった！

本時の展開 ▷▷▷

1 学習課題を設定する

必須発問①
麻子はなぜ、「私、『ねぶた師』になる。」と決めたのだろう。

　ねぶたの写真を示し、そのスケールや作成の工程や困難さを想起した後、教材を読むことで、女性にとっての大変さの意味を確認する。その上で、「そんな大変さがあるからそれまで女性のねぶた師はいなかったのに、その大変さを分かっているはずの麻子が、父と同じ『ねぶた師』になることを夢にしたのはなぜだろうか」という疑問を引き出し、意見を交流する。

　麻子の並々ならぬ決意の大きさについて焦点を当てながら意見を整理して、本時の学習課題につなげる。

2 共通解を考える

中心発問
父に弟子入りを許してもらえなかったのに、麻子はなぜ何年も作業場に通い続けたのだろう。

　報われないかもしれない努力をし続けた麻子の心情を問う中心発問について議論をする。その後、補助発問として、「なぜ、父は麻子の弟子入りを許さなかったのか」を問い、女性である麻子に過酷な作業で苦労をさせたくない親心と、麻子の決心や実力を図ろうとしたプロの「ねぶた師」としての父の思いを想像させる。その上で、再度「麻子は、『なぜ教えてくれないのだろう。なぜ作らせてくれないのだろう。』という自らの疑問について、どう考えていたのだろう」と問い、意見交流させる。

教材名　「夢を諦めない」

学習課題　夢をかなえるために大切なことは何だろう。

・逃げないでやり遂げること
・かなえるために必要なことに対して努力する
・根気強さ
・「絶対にかなえたい」という強い意志

「夢を諦めなくて、よかった。」という麻子の言葉には、どのような思いが込められているだろう。

| 麻子の作品の写真① | 麻子の作品の写真② |

麻子の作品の写真③

なぜ、父は麻子の弟子入りを許さなかったのでしょう。

・女性の「ねぶた師」なんて今まで聞いたことがない。
・過酷な作業を娘にさせたくない。
・そう簡単に「ねぶた師」になれるわけではない。
・麻子の本気さが分からない。

3 納得解と向き合う

必須発問②
「夢を諦めなくて、よかった。」という麻子の言葉には、どのような思いが込められているだろう。

　女性らしい「麻子」ならではの作品の写真を提示する。「ねぶた師」になる夢を諦めなかったことで、女性の「麻子」にしか描けない作品を作り出したいという願いが叶った達成感。さらには、自分の可能性を信じ、挑戦することから逃げないで努力し続けることの大切さに気付かせる。その際、「夢を諦めなくて、よかった。」という言葉に終始させるのではなく、逃げては実現できない夢の本質を確信できるようにしたい。

よりよい授業へのステップアップ

夢を叶える本当の意味を考える

　3の場面では、「困難を克服し、夢を諦めない大切さ」が共通解として認識されるであろう。しかし、そもそも、夢とは何を叶えることなのか。麻子にとって、「ねぶた師」になることが夢で、それはゴールだったのかを問う。ねぶた師は麻子の夢にとって手段であり、真の夢は、彼女にしか表現できない作品を創り上げることではないか。だから、ねぶた師になれる保障がなくても、学び続けられたのではないか。そんな夢の本質について、彼女らしい作品を見せることでゆさぶりたい。

教材名　　　　　出典：光村

六十二枚の天気図

主題　**真理を追い求める**

A ⑸真理の探究、創造

本時のねらい

　真実を大切にし、真理を探究して新しいものを生み出そうと努めることは、自分自身の人生を豊かにすることにつながる。また、それはよりよく生きたいと願う自分自身の未来を創るとともに、よりよい社会を創る原動力にもなる。

　本教材に登場する日奈は、ふと見たテレビ番組をきっかけに、夏休みの理科の宿題として天気について調べ始める。天気図を切りまとめながら、台風の発生に興味を抱き、自分なりの仮説を実証する中で、より一層天気への興味や疑問が高まっていく。

　主体的に天気について調べ始めた日奈の姿を通して、真理を探究していくために大切なことについて考え、疑問や分からないことを探究し続けようとする実践意欲と態度を育てる。

教材名

「六十二枚の天気図」

学習課題

真理を探究していくのに
大切なことはなんだろう？

今までの経験
・大豆の発芽について
・ロケットはどうして飛ぶのか。
・恐竜はどうして絶滅したのか。
・もっと遠いボールを投げるには
　どうしたらいいか。

・化学作品展で賞をもらった。
・少し調べたけど、途中で
　あきらめてしまった。
・疑問に思っただけで何もしなかった。

本時の展開 ▷▷▷

1 学習課題を設定する

必須発問①
これまで、疑問に思ったことや知りたいと思ったことについて探究したくなったことがあるか。

　誰もが疑問に思ったことや知りたいと思ったことについて調べてみようとした経験があると思われる。しかし思っていてもそのことを実際に探究する、あるいは探究し続けることは困難だということも経験しているだろう。

　総合的な学習の時間や生徒会活動等において、学級全体が取り組んでいる活動があれば、その学習を全体の基盤にして、何かに疑問をもつことと、それを探究し続ける困難さについて共感的に扱い、学習課題設定につなげていく。

2 共通解を考える

中心発問
夏休み中、日奈に天気予報欄の切り抜きを続けさせたのは、どんな思いだったのだろう。

　「適当にまとめればいい」と思っていた日奈が、「雨の不思議」というテレビ番組を見て、レポートを18枚書き上げ、より一層天気に興味がわいてきたことを確認する。また、熱帯低気圧が台風になるのではないかとの予想が実証され、うれしさや自分への自信を感じるようになったことにも気付かせたい。

　対話する場面を取りながら、生徒が日奈の行動や思いに共感できるようにする。

日奈のレポートの挿絵

レポートを作成する日奈の挿絵

切り抜きを続けた日奈の思い

「適当にまとめればいいか」
「雨の不思議」
番組に引き込まれる日奈
レポート5枚以上…18枚書く

天気への興味

いろいろなことが分かる

切り抜き62日分　レポート30枚
台風の発生から消滅までを1枚の
地図に書き込む

新たな疑問

共通解

「台風13号が発生しているよ」
・予想があたっていてうれしい
・こんなことができるんだ
・天気って面白い
・もっと調べてみたい

・探究の題材は至る所にある
・興味、好奇心を持ったら
　行動に移す
・分からないことがあるから
　分かる喜びや面白さがある

3 納得解と向き合う

必須発問②
自分と日奈を比べてどんなことに気付くだろう。
日奈の生き方から学ぶのはどんなことか。

　日奈の行動を単に「すごい」という捉えで終わらせず、自分にも日奈と同じような思いや似た経験があることを想起させたい。その上で、物事に興味・関心をもって取り組むことは、多くの発見や気付きを生み、それがさらなる探究心につながることに気付かせたい。継続することに困難を感じる生徒がいると思われるが、分からないことがあったり、疑問を感じたりしたら、まずは一歩行動してみることで次につながる可能性があることを感じ取らせたい。

よりよい授業へのステップアップ

探究はどんな場面にもある

　自分には日奈のように興味・関心をもつ対象がないと感じている生徒がいるかもしれない。しかし、教科の学習はもちろん、部活動や趣味等を含め、身の回りのあらゆる事象が対象になることに気付かせたい。
　「知りたい」という気持ちだけでなく、「うまくなりたい」「上達したい」といった気持ちもまた真理の探究・創造につながっていることを確認し、自分に自信をもって歩んでいく気持ちをもたせたい。

人のフリみて

主題 ありがとうの力

B⑹思いやり、感謝

本時のねらい

　自分に対して何かをしてもらったとき、感謝の心を相手に伝えることの大切さは、中学生ともなればみんなが知っている。しかし、いざ行動しようと思うと意外に恥ずかしくできないこともある。

　筆者のみつはしちかこさんは、北海道旅行に出かけたときバスに乗り合わせた高校生が運転手さんに自然に感謝の言葉を伝える姿を見て感心し、「ありがとう」という言葉について様々なことを考える。日頃言いそびれている感謝の言葉。その大切さに気付き、素直に反省するみつはしさんの姿を通して、感謝の言葉のもつ力、様々な人から受ける思いやりや支えについて感謝し、その思いを素直に言葉にして表現できる生徒たちを育てたいと思う。

○「ありがとう」の気持ちを家族や友だちに伝えるには、どのようにしたらよいだろうか。

> **共通解**
> 「ありがとう」を伝えると、相手はもちろん自分も気持ちよくなる。
> 不思議なことだが、たったひとつの言葉で、相手とのよい関係を築くことができる。

本時の展開 ▷▷▷

1 学習課題を設定する

必須発問①
自分がお金を払い、相手も仕事なのに、「ありがとう」と伝えるのはどうしてだろう。

　普段何気なく使う「ありがとう」という言葉には、様々な力がある。まずそのことに思いをはせる。感謝の言葉を伝えるということは、伝えられた方がよい気持ちになるのは当たり前だが、実は、伝えている自分自身がとても気持ちよいものであるということに気付かせることが大切であろう。だからこそ、例え自らがお金を払っていたとしても、相手に対して礼を尽くすことで新たな関係性が生まれ、広がっていく。そのことをクラス全体で共有したい。

2 共通解を導き出す

中心発問
「ありがとう」の言葉には、どのような力があるだろうか。

　「ありがとう」という言葉のやり取りは、多かれ少なかれ全員にあるだろう。グループの中で全員がその経験を語り合い、共通の思いを確認する。そして、ホワイトボードなどを用いて、いくつかのカテゴリーに分類してみると、その特徴が見えるはずである。様々な場面でのやり取りが、すべてポジティブな思いへとつながることが確認できたとき、改めて言葉のもつ力について考えることにつながる。

教材名	「人のフリみて」

学習課題

「ありがとう」という感謝の言葉には、どのような力があるだろうか。

○ みなさんは最近、誰かに「ありがとう」と言ったり、言われたりした経験はありますか。

補 「ありがとう」と相手に伝えるのは、どんな気持ちからだろう。

○ 自分がお金を払い、相手も仕事なのに、「ありがとう」と伝えるのはどうしてだろう。

◎ 「ありがとう」の言葉には、どんな力があるだろう。グループで話し合ってみよう。

◇ グループごとに話し合った意見を、それぞれがホワイトボードやカードなどを用いて書かせ、それらを掲示する。カテゴリー分けし、整理できるとよい。

3 納得解と向き合う

必須発問②
「ありがとう」の気持ちを家族や友達に伝えるには、どのようにしたらよいだろうか。

　ここで考えさせたいのは、単なる方法論ではない。道徳科のねらいはあくまで「道徳性の育成」であって、具体的な方法（解決策）を考えることだけではないからである。どんな点に気を付けたらよいのか、その言葉を伝える際に気を付けなければならない事柄を、合わせて考えさせていきたい。そして、「ありがとう」を伝えることのもつ真の意味と、それにより、相手と自分の相互が幸せな気持ちになることが、様々な行動へとつながっていくことにも気付かせていきたい。

よりよい授業へのステップアップ

生徒の道徳的実践につなげるために

　相手のしてくれた行為に対してお礼を言うことの大切さについては、中学生ともなれば知識として理解している。しかし、実際は想像以上の力があることを、グループ活動などを使いながらより多くの事例を発表し、聞き合うことで、つかませていきたい。場合によって、生徒たちの発言を教師がファシリテーターとなって整理し、板書することで、より明確に、しかし自然に気付かせることができる。それはそのまま意欲へと通じるのである。

教材名　　　　　出典：日文、学研

バスと赤ちゃん

主題 社会の中の思いやり

B (6)思いやり、感謝

本時のねらい

　人との関わりの中で、思いやりや感謝の心を基盤とした温かい人間愛の精神を深め、これを模索し続けることは極めて大切なことである。しかし、中学生の時期は、人間的な交わりの場の減少とともに、利己的、自己中心的になりやすく、他を省みない行動に走ることが多い。

　本教材は、赤ちゃんを抱えた若いお母さんが乗客に気を遣い、一つ手前で降車しようとするが、バスの運転手が乗客に呼びかけ、目的地まで乗っていけるよう車内に温かい空気をつくり出すという内容である。

　本時は、バスの中に起こった拍手の意味を考えさせることから、相手の立場を考えた本当の思いやりの姿を議論するとともに、日常生活の中で実践していこうとする意欲を高めたい。

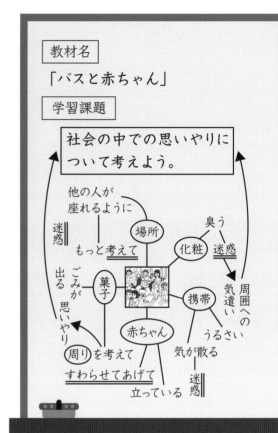

本時の展開 ▷▷▷

1 学習課題を設定する

必須発問①
この広告（車内マナーの呼びかけ）を見て、どんなことを感じるか。

　電車内のマナー違反を扱った広告から何が問題なのかを考えさせる。車内での携帯電話の使用や飲食等の迷惑行為から、本時の主題である社会の中の思いやりに目を向けさせる。また、なぜ、それらの行為が迷惑になるのかも考えさせることにより、「社会の中の思いやりの在り方」という学習課題につなげていく。尚、この広告の中には、赤ちゃんを抱いた両親への思いやりが足らない場面があり、その場面を捉えて教材内容とのつながりをつくり、スムーズに教材内容に入るようにする。

2 共通解を考える

中心発問
この拍手には、どのような意味や思いがあるのだろうか。

　運転手の提案に対して車内で起こった拍手には様々な思いが込められている。運転手の温かい対応に対する賞賛、運転手に同意するという了解の合図、初めに拍手した人への賞賛、車内の温かい雰囲気への同調など多面的・多角的な思いが込められている。それらの多面的・多角的な思いやりの形を生徒から引き出すための発問である。ブレインストーミングやKJ法、ミニホワイトボードミーティングなどの対話を通して、拍手に込められた思いやりの気持ちを捉えさせるとよい。

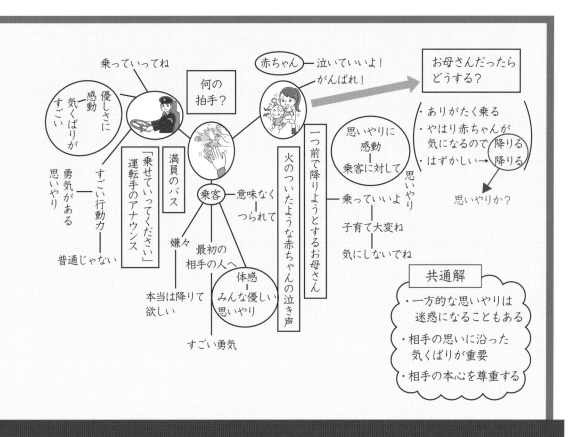

3 納得解と向き合う

必須発問②
もし自分がお母さんだったら、拍手をもらった後、そのままバスに乗っていくか。

　2の発問により、車内には多くの思いやりの心が満ち溢れていることを確認したが、それに対して母親はどのように思ったかを多面的・多角的に考えさせる。その際に母親の気持ちに自我関与させて考えさせる。その際に、心情円盤などのスケールを使って可視化する。
　多くの生徒は「そのまま乗っていく」という選択をするが、「降りたい」「迷う」という生徒が少数ではあるがいる。その理由から、本当に意味の思いやりとはどのようなものであるかを考えさせ、「深い学び」を実現する。

よりよい授業へのステップアップ

少数意見を生かし「深い学び」へ

　3の発問の後、少数の生徒が「降りたい」という選択をする。乗客を思いやる気持ちの強さがその理由の一つである。そこで「降りたい気持ちのある母親を降ろしてあげることは思いやりだろうか」という補助発問をする。
　この発問により、思いやりというのは一方的なものであってはいけないということに多くの生徒が気付く。バスの運転手の行動が本当に思いやりの行動であったかという議論にまで発展する。「深い学び」を実感できる瞬間である。

教材名　　　　　　　出典：光村

学習机

主題 礼儀を尽くす

B⑺礼儀

本時のねらい

礼儀の基本は、相手の人格を認め相手に対して尊敬や感謝などの気持ちを具体的に表すことであり、単に行動としての挨拶や謝罪などの形式ではなく、その行動に関わる思いや気持ちなどの込められた意義を理解することが大切である。

本時では、学習机の発注ミスに対する父親の怒りとその怒りに対する大枝さんの対応から、主人公の言動に誠意が欠けていることを捉えさせる。相手に対する気持ちが礼儀の本質であると気付かせるとともに、心と形が一体となった適切な言動を心掛ける実践意欲及び態度を養いたい。

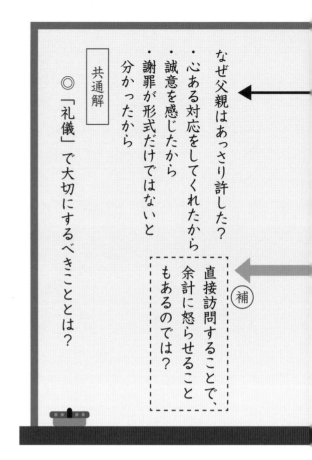

なぜ父親はあっさり許した？
・心ある対応をしてくれたから
・誠意を感じたから
・謝罪が形式だけではないと分かったから

共通解

◎「礼儀」で大切にするべきこととは？

⑭ 直接訪問することで、余計に怒らせることもあるのでは？

本時の展開 ▷▷▷

1 学習課題を設定する

必須発問①
「そういう問題じゃないのよ」とあるが、どういう問題なのか。

ここでの問題は、主人公の「学習机」発注ミスにおける、客に対しての"心ない"対応であるが、生徒それぞれの言葉で表現させ、中核となる事柄について共通理解を図りたい。

あまり時間をかけるべきではないが、この理解がブレてしまうとこの後の議論が成立しないため、問題点についての共通理解を図った上で、大枝さんの心情から、礼儀の在り方について考える時間（中心発問）へとつなげていきたい。

2 共通解を導き出す

中心発問
大枝さんは怒っていたのだろうか、悲しんでいたのだろうか。

心情円盤を用い、大枝さんの真剣なまなざしに込められた思いをより多く引き出したい。

怒りと悲しみは、相反する感情ではあるが、込められた思いに共通する部分も多くあると予想されるため、イメージマップなどを用い、生徒の思考を整理していきたい。

また、イメージマップについては、出された意見に対し、似た内容の意見やつながる内容の意見を教師のファシリテートによりどんどん紡いでいき、拡散させていきたい。

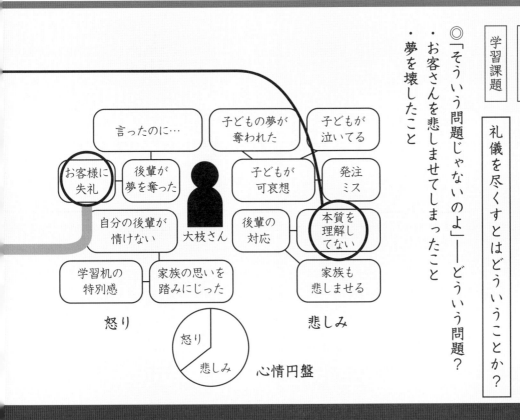

教材名　「学習机」

学習課題　礼儀を尽くすとはどういうことか？

◎「そういう問題じゃないのよ」——どういう問題？
・お客さんを悲しませてしまったこと
・夢を壊したこと

言ったのに…

お客様に失礼

後輩が夢を奪った

子どもの夢が奪われた

子どもが泣いてる

子どもが可哀想

発注ミス

自分の後輩が情けない

大枝さん

後輩の対応

本質を理解してない

学習机の特別感

家族の思いを踏みにじった

家族も悲しませる

怒り

悲しみ

怒り　悲しみ　心情円盤

3 納得解と向き合う

必須発問②
・なぜ父親は "あっさり" 許してくれたのか。
・大枝さんの涙の理由とは何だろう。

　生徒からどのような意見が出るかによって発問は変わるが、父親の態度から本質を考えたり、大枝さんの涙の意味から問題の大きさを考えさせることが、より深い思考へつながると考えられるため、上記の2つを例として挙げた。実際の授業については、5つ以上の発問を用意し、生徒と授業を創ることを意識しながら、柔軟に臨みたい。

　特に多角的な視点で考える発問については、意見を収束させる際に有効であるため、必ず用意したい。

よりよい授業へのステップアップ

ズレを起こさせる発問を用意する

　この教材では、主人公が客に直接謝罪をしたことによって事なきを得た展開であるが、この授業で理解させたいことは「直接謝罪することの大切さ」ではなく「礼儀を尽くすこと」「心と形が一体となった礼儀」である。そのため、「訪問したことによって余計に怒らせてしまった」シチュエーションをあえて問い、今回の訪問に込められた本質から、礼儀に欠かせない心持ちに違った角度から迫りたい。

班での出来事

主題 男・女を超えて

B⑻友情、信頼

本時のねらい

　中学生になると、男子と女子が次第に離れるようになる。班では、責任者を決めようとすると男子が女子に押し付けたり、新聞を男女で分けて作成したりするようになった。そんな中、班員の田中君が欠席したためノートを交代で取ろうと提案されたが、思いのほか協力し合うことができそうだった。それも束の間、山田さんと金子君が言い争いになる。しかし、実は山田さんには事情があったことを知り、田中君のお見舞いへ、みんなで行こうと提案する。男女の違いを認めつつ、友情を築くことについて考えさせたい。男女の違いを乗り越えて協力していくために大切なことを考えることを通して、相手に対する理解を深め、よさを認め合う関係を築こうとする態度を育てる。

　学習課題

　男女を超えて
　協力するには？

　共通解

○男女で「こうあってほしい」は
　少し同じ

○男だから…／女だから…
　ではなく、認め合う
　　　　　　　協力する
　　　　　　　得意分野を発揮
　　　　　　→ 男女個人で（違う）
　　　　　　　　　　　　→ "生かす‼"

本時の展開 ▷▷▷

1 学習課題を設定する

必須発問①
「男子って…」「女子って…」と思うことはあるか。

　はじめに、テーマである「男女」について、問題意識を喚起するために、まずは日常の思いを披瀝し合うことを通して、それぞれの思いに触れさせる。「男子はわがまま」「女子は決まった仲間としか付き合わない」など、日ごろ感じていることが多数出されるだろう。

　しかし、こうしたことを言い合っているだけでは、信頼関係を築くことは難しいのではないかということに気付く。ここから、どうしたら男女を超えて協力することができるかという問いへつなげ、教材を範読する。

2 共通解を考える

中心発問
男女を超えて協力するにはどうしたらよいのだろうか。

　教材に触れた後で、登場人物たちの「男子って…」「女子って…」を整理した上で、「この班では互いにどうあってほしいと思っているのか」と問い、それぞれが不満を漏らしている理由に迫る。その際に、必要に応じて、平川さんがノートを取ろうと提案したときの思い、安部君の「女子って…」を聞いたときの「私」の思いについて問うことで、歩み寄ろうとする心があることに気付かせたい。同時に、１で挙げた「男って」「女って」の考え方に、「本当にそうだろうか」と批判的な目を向けさせたい。

教材名 「班での出来事」

女って… ○　○ 男って…　　　　どうあってほしい？

・女子同士。
男女仲いい人
だけでなく
付き合って
・男子の言い分
も聞いて欲しい
・協力しようと
努力しているこ
とを認めて

言い訳
いちいちうるさい
細かい
グループ（仲良し）
こわい
言葉がきつい
怒られない
（男子が代わりに）

人として

わがまま
幼い
乱暴
だらしない
すぐサボる
遊びたがる
ふざける

・協力してほしい
・責任を持って
一緒に取り組んで
ほしい
・女子の提案も
聞いてほしい
・意見(も)言って
ほしい

3 納得解と向き合う

必須発問②
「男子として」「女子として」を超えて、「人」と
してどうありたいか。

❷で、男女それぞれ互いに「こうあってほし
い」があることについてつかんだため、最後に
「男子として」「女子として」を超えて、共通す
る「人」としてどうありたいかを考えさせた
い。このことで、男女の違いを理解した上で、
人として大切にしたいことは共通していそうだ
ということにも気付かせたい。子供がどうあり
たいかを考えていくことは、互いの違いを認
め、相手を尊重し、共に生きていこうとする気
持ちにつながっていく。そのことを踏まえて、
翌朝振り返りを記述させる。

よりよい授業へのステップアップ

思考ツールを用いて考えを整理する

　板書で子供の考えを整理していく際
に、思考ツールは便利である。マッピ
ングがよく使われるツールであるが、
今回は、男女という二項目についてそ
れぞれ考えを整理するため、ベン図が
一般的に用いられるが、本事例ではバ
タフライ図を活用した。羽を二段階に
設定できるのが今回の発問とマッチし
ているからである。

　板書で積極的に活用していくこと
で、子供が自ら選択して、自分で活用
できるようになると、道徳科のみなら
ず様々な学習活動で有用な手段になる。

教材名	出典：光村

親友

主題 性別を超えた友情

B (8) 友情、信頼

本時のねらい

真の友情は、互いに相手を一人の人間として信頼し、尊重し合う関係において築くことができる。信頼できる友達を得るには、自分も相手にとって信頼に足りうる人間になろうとすることが必要である。しかし、この段階では、周りから見られる自分を気にして、悩みや葛藤が生じ、友達を大切にできない場合がある。

主人公の「僕」は、小学校のクリスマス会で救ってくれた美咲と親友である。しかし、中学校でクラスの男子にからかわれ、僕は何も言えなくなってしまう。黙って教室を出ていく美咲を追って走り出したところで話は終わる。

悩みや葛藤を乗り越え、信頼し尊重し合うことが真の友情を育むことに気付き、人間関係を深めようとする心情を養う。

本時の展開 ▷▷▷

---

1 学習課題を設定する

必須発問①
「親友」という言葉を聞いてイメージすることは何か。

はじめに、「親友」という言葉のイメージを問うことで、子供たちが抱いている「親友」の捉え方を把握する。全員の捉え方を即時に把握するために、授業前に、Google フォーム等で「親切」という言葉のイメージについて事前アンケートを行う。そして、導入でテキストマイニングで分析した結果を提示し、「親友とはどのような人？」と問う。その上で、『「親友」とはどのような存在か、教材を読んで新たな見方を探してみよう」と投げかけ、本時の学習課題につなげる。

2 共通解を考える

中心発問
美咲を追って走り出した「僕」は、何に気付いたのか。

まず、「その場に突っ立っていた『僕』をどう思うか」と問う。その後、立場を変えて、黙って教室を出て行った美咲の気持ちを問う。僕の葛藤と美咲の気持ちを把握した上で、中心発問「美咲を追って走り出した『僕』は、何に気付いたのか」と問い、本当の親友とはどのようなものかを考える入り口にする。

子供から出された意見は、板書で類型化するとともに、子供同士で質問し合うことを通して、親友とはどのような存在なのか、共通解を見いだしていく。

教材名
「親友」

学習課題
「親友」とは、どのような存在だろう。

親しい しゃべれる 仲 合える
打ち明ける

①親友とはどのような人？
・何でも話せる。
・注意し合える。
・気が合う。

「美咲は僕の親友だ。」

⬇

「その場に突っ立っていた」

美咲
・あきれた。
・どうして何も言わないの？
・親友だと思っていたのにショック

山下
「女とばっかり…」

僕

・周りから言われてはずかしくなる気持ちは分かる。
・美咲を助けられなくて情けない。

②僕は何に気付いた？

共通解

・性別は関係なく心のつながりが大切

ア．女子であっても関係ない。

・一緒に成長できる。
　自分には無いものがある。
　深い信頼→本音で言える

イ．山下と一緒にいるより美咲と一緒がいい。

ウ．信じられなかった自分がはずかしい。

・信じ・助け合うのが親友
　ピンチのときこそ

エ．次は美咲を救いたい。勇気が足りなかった。

・相手に信じてもらえるような人になる。

3 納得解と向き合う

必須発問②
あなたは、「僕」と似ているか、違うか。

　終末に、「僕」と自分自身の考え方や行動を比較する。「似ている」と答える子供には、周りから見られる自分を気にしてしまった経験や、周りを気にして友達を裏切ったかのような行為をしてしまう人間の弱さを表出させ、自分自身に向き合わせたい。また、「違う」と答える子については、「僕」とは異なる友情観や、そもそも「親友はいない」「親友なんていらない」という考え方をもつ子供もいるかもしれない。自分なりの友情観を安心して表出できるような環境づくりを心掛けたい。

よりよい授業へのステップアップ

考えを一層深める補助発問

　2の場面で、子供の発言を類型化し、子供同士で質問をし合う活動を行うが、実態によっては子供同士で質問し合うことが難しい場合もある。そこで、「僕に足りなかったものは何だろう？」「勇気を出せないこともある。それを乗り越えるには？」といった補助発問を行い、「深い信頼があるから本音が言え、一緒に成長できる」「一方的でなく、自分も相手に信じてもらえるような人になることが大切」など、子供が友情に対する新たな見方ができるような支援を行う。

※ユーザーローカル　テキストマイニングツール（https://textmining.userlocal.jp/）で分析

言葉の向こうに

主題 互いに認め合う心

B(9)相互理解、寛容

本時のねらい

　中学生は、自分と相手の考え方の差異を理解しながらも、自分の考えに固執することもあり、仲間との関係に摩擦が生じることもある。

　「言葉の向こうに」は、加奈子が、ファンであるＡ選手への中傷の書き込みをファンサイトで発見し、ひどい言葉で応酬し合い、顔の見えないネット上でのやりとりの難しさ・恐ろしさに直面し、寛容さ・言葉の向こうに人がいることを忘れていた自分に気付かされるという教材である。自分とは違った考えをもつ相手に対して怒りを覚えた主人公の「怒りの理由」を考えることを通して、自分の正しさと相手の正しさが同じではないことに気付き、相手の多様な価値観や立場を尊重しながら自分の考えや意見を伝えていこうとする態度を育てる。

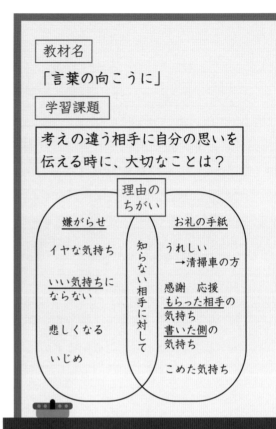

本時の展開 ▷▷▷

1 学習課題を設定する

必須発問①
コロナ禍にあって「嫌がらせの貼り紙」をする人と「感謝の手紙を書く人」の理由の違いは何か。

　まず、駄菓子屋に貼られた「子どもを集めるな」という紙と、ゴミ袋に貼られたコロナ禍においてごみを回収する方々への感謝の手紙を示す。それぞれのメッセージを書いた理由の違いについて、席の近い者同士で話し合い、指名して板書する。意見の板書の際にはベン図を活用することで、両者の共通点と相違点を整理して可視化し、グループ・モデレーションの手続きから本時の学習課題につなげていく。ここでの意見の整理が、**2**や**3**で考えの下支えとなっていく。

2 共通解を考える

中心発問
加奈子の姿を通して、あなたが発見したことは何だろう。

　主人公・可奈子の1回目と2回目の怒りの違いについて話し合うことを通して、自分にとっての正義が相手にとっての正義にはならないことに目を向けさせ、同じ事象であっても人それぞれ考えや価値観に違いがあることを押さえたい。加奈子の行動から学んだことについてワークシートに記入し、自由に立ち歩いて意見を交流し、友達の意見から学んだことをワークシートに書き加える。授業者も意見交流の輪の中に入ることで意図的指名につなげ、全体で考えを発表し共通解につなげていく。

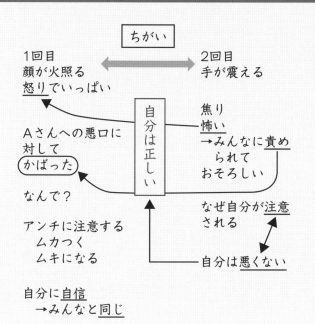

加奈子の姿を通して
あなたが発見したこと

気持ちは分かる
感情に任せて行動

→自分も相手も嫌な気持ちに
　冷静に、一度立ち止まって
間違えたからこそ気付けたことも
ある※

共通解

・「正しい」…すべて正しいわけ
　ではない
・相手の意図まで考える
・それぞれ価値観・考えの違いが
　ある
　→分かり合おうとする

3　納得解と向き合う

必須発問②
考えの違う相手に自分の思いを伝えるときに大切
なことは何か、授業で考えたことをまとめよう。

　「加奈子の行動は、成功だったのかな。失敗
だったのかな」と生徒に投げかけ、失敗から学
ぶこともあることに目を向けることもできる。
一方で、デジタルタトゥーの問題など、イン
ターネットの世界では失敗が取り返しのつかな
い事態につながることがあることにも触れた
い。本時の学習課題である「考えの違う相手
に、自分の思いを伝える時に大切なことは何
か」について、ワークシートや板書を参考にし
ながら本時を振り返り、自分の考えを深めるこ
とができるようにする。

よりよい授業へのステップアップ

アンビグラムの活用

　アンビグラムとは、違う方向や角度
で見ると複数の読み・解釈ができるよ
うにデザインされた文字である。多面
的・多角的に考える道徳科の授業とア
ンビグラムは相性がよく、様々な授業
で活用している。この授業では「失
敗」↔「成功」と読むことができる野
村一晟さんの作品を示し（※の場
面）、物事を複数の角度から見ること
の大切さや、失敗をどのようにすれば
成功につなげられるかなどを考える
きっかけとしたい。道徳授業で生徒に
紹介したくなる野村さんの作品は多い。

教材名　　　　　　　出典：日文

自分だけ「余り」に なってしまう……

主題 一人を乗り越える

B⑼相互理解、寛容

本時のねらい

　人には、それぞれ自分のものの見方や考え方があることから、互いが相手の独自性を認め、相手の考えや立場を尊重することが大切である。また、人間は、それぞれのものの見方や考え方に固執しやすいことを理解することで、自分と異なる他者の立場や考え方を尊重しやすくなる。本教材は、二人組をつくるときに自分一人だけが余りになってしまう好美さんに、筆者が自分の経験を踏まえて「おとなになるために必要なこと」をアドバイスするという内容である。

　本時では、好美さんへのアドバイスを考えることを通し、一人になることを恐れて自己中心的な考え方になってしまうことに気付き、広い視野から様々な考え方を理解し、よりよい関係を築こうとする態度を養う。

教材名

「自分だけ『余り』に
なってしまう……」

学習課題

好美さんにどんなアドバイス
をするとよいだろうか。

②

ア．一人をさけてばかりだと、おとなになるのに時間がかかるよ。

イ．「仲がよい人としか話さない」という自分の考え方を破らないと、逆に苦しくなるよ。

ウ．親友と離ればなれになった今こそ成長できるチャンスだよ。

エ．一人だけ余ったときは寂しいし考え方を変えるのは難しいよね。

本時の展開 ▷▷▷

1 学習課題を設定する

必須発問①
好美さんの考えに共感できるか。

　導入では、価値への方向付けを行わず、教材の前半部（好美さんの作文）を範読することから始める。範読後、「好美さんの考えに共感できるか？」と発問し、共感できる（できない）理由を話し合う。理由を話し合う過程で、好美さんの悩みが整理されるので、そのタイミングで、本時の学習課題「好美さんにどんなアドバイをするとよいだろうか」を提示する。課題提示後は、「実際にアドバイスをした重松さんから、ヒントを得よう」と投げかけ、教材の後半部（重松さんの文章）の範読につなげる。

2 共通解を考える

中心発問
好美さんにどんなアドバイスをするとよいだろうか。

　教材の後半部の範読後、重松さんの「おとなになるための必要な考え方」を押さえ、「好美さんにどんなアドバイスをするとよいだろうか」と問う。このときの視点を、好美さんの友達やクラスメートではなく、好美さんを知らない年上の第三者に設定すると考えやすい。

　子供が述べた意見を教師が４つ程度に整理した後、「どのアドバイスが心に響くか」と問う。それぞれのアドバイスを吟味しながら、「一歩引いて広く考える」「色々な考えを知り自分の殻を破る」等の共通解を導く。

①好美さんの考えに共感できるか？

| 共感できる | ←─────────────────────────→ | 共感できない |

・余りになるのも自分から言うのもはずかしい。
・もう二人組をつくった人に気をつかう。
・常に誰かと一緒にいないと不安。

・一人は怖い。
　グループでいるのも怖い。

・場合によって、一人でいたいときもある。
・一人になりたいこともあるけど正直できない。

・自分から「組に入れて」と言えばよい。
・一人でいることは悪くないしよくあること。
・悩むくらいなら行動した方がよい。

・まず自分から動き、友達になる第一歩を踏み出す。
・プライドや意地を捨てる。

共通解

・「一人がいけない」という考えから、一歩引いて広く考える。
・いろいろな考えを知り自分の殻を破ることで成長できる。
・相手の考え方やなやみを受け入れてアドバイスすると心にひびく。

3 納得解と向き合う

必須発問②
友達の考えから一番参考になった意見を伝え合おう。

　終末に、「友達の考えから一番参考になった意見を伝え合おう」と促し、相互評価を行う。
　終末で子供たちは、自分事として納得解と向き合うが、自分自身の体験や考え方を想起することに加えて、一番参考になった友達の考えを自覚することも自分自身を見つめ直すきっかけとなる。また、それが価値観の形成に資する。加えて、相互評価は、自分の発言が友達に認められ役立つという実感を生みやすい。その喜びが、さらに自分自身の考えを表出しようとする意欲付けにもなる。

よりよい授業へのステップアップ

話し合いにおける問い返しの工夫

　②の場面で、好美さんへのアドバイスが子供から出されるが、中には「自分から積極的に話すようにしたらいいよ」「あまり悩まない方がいいよ」といった、好美さんの気持ちに寄り添っているとは言い難い内容が出される場合もある。
　そのときは、「好美さんはこのアドバイスで納得するかな」と全員に問い返し、好美さんの心に寄り添ったアドバイスを考えるという方向で話し合いを進められるようにする。

傘の下

主題　社会のルールを守る大切さ

C ⑽遵法精神、公徳心

本時のねらい

　中学生の日々の生活の中で、未熟な判断により身勝手な行動をとってしまうことは起こりうる。しかし我々が生きている社会は、様々なきまりや約束事を守ることで成り立っており、それを軽く考えることは自らの社会の不安定さを生む結果につながる。きまりや約束事は、人間が生み出した知恵であり、個々の間に生まれる摩擦を減らし、社会に安寧をもたらす。

　本教材では、「ルールを軽んじること」が他者を軽んじて害をなし、自らも傷つける結果になることに目を向けている。そこからルールやきまりを他律的に考えるのではなく、自己の内面の弱さを意識し、他者を傷つけない自分となるために公徳心をもち、自律的に行動していこうとする道徳的実践意欲・態度を養う。

教材名
「傘の下」

学習課題
ルールやきまりの意味を考える。

発問①「雨の日に、僕が傘を前にして考えたことは?」

☐ ← 濡れて風邪をひきたくない
☐ ← 置き忘れの傘だろうし
☐ ← 母親に叱られたくない
☐ ← ちょっと借りるだけ
☐ ← ちゃんと返すから
☐ ← 誰も見ていないから

本当にどうしようもなかったのか?
→ ×自分の身勝手では?

本時の展開 ▷▷▷

1 学習課題を設定する

必須発問①
雨の日に、「僕」が傘を前にして考えたことは?

　はじめに内面の弱さに負けた場面での振る舞いを振り返り、どのような心の動きがあるのかを考えさせる。そこでなぜそう考えたのか、なぜ心の弱さに負けてしまったかを分析させ、意見共有をさせる。

　きまりや約束事は、人間が生み出した知恵であり、個々の間に生まれる摩擦を減らし、社会に秩序と安寧をもたらすことに気付かせる。遵法精神と公徳心は延長線上の関係であり、「どう行動するべきか」の判断に、他者への配慮が大きく関わることを発想させる。

2 共通解を考える

中心発問②
今回のことで傷つけられたのは誰だろうか。

　自分の気持ちにしか目に行かなければ、身勝手な判断をしてしまうことになる。安易な判断をしたことで、傷つく他者がいることに気付き、その結果が自分自身に対する失望を生み出すことに思い至らせる。

　自分への肯定感は、全ての正しく行動しようとする意志の原動力である。ルールやきまりを守らないことで小利を得ても、自己への失望という大損につながってしまい、自分自身を傷つけてしまうことに気付かせる。その中できまりを守ることが何を守ることになるか考える。

発問②「今回のことで傷つけられたのは誰だろうか」

・若い女性
濡れて帰ることになった。
盗まれて腹が立った。
不快な思いをしたかもしれない。
風邪を引いたかも。

分析：自分の身勝手が意図せず誰かを傷つけることがある。

他には………？

・自分自身
弱い心に負けて、罪を犯してしまった自分に失望した？
「どれだけ上手に嘘をついても、決してだませない人がいる」。
＝自分自身

分析：身勝手で浅はかな考えは自分自身を傷つける。

共通解

きまりやルールを守ることは、他人や自分の尊厳を守ることである。

発問③「ルールやきまりはなぜあるのか」

・他人を傷つけないため
・自分の財産を守るため
・お互いに嫌な思いをしないため
・弱い心に負けて、自分を嫌いにならないため
・互いに傷つけない社会＝みんなの幸せのため

3 納得解と向き合う

必須発問②
ルールやきまりはなぜあるのか。

　他者との衝突を避け、互いの権利や大切なものを侵害しない、侵害されないためにルールやきまりが生み出されたことに思い至り、他者や自己を守るためにルールやきまりを守ろうとする遵法精神の大切さを実感させる。その上で、自分は今後どのように体現させていくか、社会で今後どのように共有していくかを考えさせる。他者を傷つけない社会は、自分も傷つけることのない社会であり、きまりやルールを自分たちを縛るものというネガティブな理解から、自己肯定につながるポジティブなものへとつなげる。

よりよい授業へのステップアップ

既成概念を壊す発問で思考を深める

　失敗を犯す多くの場合、悪質性を判断せずに行動してしまいがちなことを実感させる。それを「ルールだから」という既成概念として修正させるのではなく、**2**や**3**の場面で、そもそものルールやきまりの存在意義から丁寧に捉え直すことで、その恩恵や重要さを認めさせる。また、他者を大事にできる自分であることが、自己肯定につながり、巡り巡って自分も大切にできることを理解させ法を遵守する意識を育てる効果も期待する。

傘の下

仏の銀蔵

主題 法やきまりを守る気持ちを支える心

C (10)遵法精神、公徳心

本時のねらい

高利貸しの銀蔵は、証文を盾に厳しい取り立てをしていた。ある日カラスの足に証文が引っかかり消えてしまった。それ以来、取り立てもできず、生活に困窮した銀蔵に、借金をした人々が、「お天道様が見てござる」といって借金を返すようになった。銀蔵は以前とは違って細々と商いをするようになった。

遵法精神は、公徳心によって支えられている。公徳心とは社会生活の中で守るべき正しい道としての公徳を大切にする心である。証文がなくても借金を返す人々の行動から、法的に強制力のない義務を果たすことが理性的な人間としての生き方につながることを理解させたい。法やきまりを守ろうとする心の大切さを考え、その道徳的心情を育むことをねらいとする。

- 人に対する優しさや思いやり
- いくら法的に間違っていなくてもひどいことはしていけない
- きまりだからと決めつけないで相手の立場も考える心の広さも必要
- 人として正しいことをしようとする心
- 法やきまりより人としてどう行動するかが大切
- 自分の心に照らして考える
- 自分の中で嫌だと思うことはやらないほうがいい
- 自分が正しいと思うことをやる
- 自分の心に恥ずかしくないことをする

本時の展開 ▷▷▷

1 学習課題を設定する

必須発問①
証文がないので盗人にはならないが、「お天道様が見てござる」と言ってお金を返したのはなぜか。

まず、話の筋をしっかり理解させる。銀蔵が借金を取り立てることは法を犯していないこと、証文がないので、借金を返済する義務がないことを押さえておく。この理解が、必須発問①を考えるための重要なポイントになる。これにより生徒が、同じステージに立って考えることができる。「鬼の銀蔵と呼ばれていたのが、仏の銀蔵になぜなったのか」を問い、借金を返した人々の行動に気付かせる。「お天道様が見てござる」と言って借金を返す理由をじっくり考えさせる。

2 共通解を導き出す

中心発問
きまりを守ろうとするのは、人のどのような心からなのだろうか。

借金を返す人々の考え方を知って、きまりを守ろうとするのは「きまりだから」という他律的な心ではなく、それを超えた人としてあるべき姿を求める心からであることに考えを深めさせたい。中心発問に対する考えについて、「どうしてそう考えたのか、詳しく説明してくれる？」と必ず投げかける。生徒は、自己内対話を始める。理由・根拠を説明することで自分の考えを深め、他者との対話から考えの異同を自覚する。多面的・多角的な考えを知り、道徳的価値を再構築することができる。

教材名	「仏の銀蔵」
学習課題	法やきまりを守る気持ちはどんな心に支えられているか考えよう。

鬼の銀蔵
　信じられないほどの高利　取り立てが厳しい

　何がそうさせた？

　細々と商い　高利をとることは無くなった

仏の銀蔵 ←

証文がないので盗人にならないのに、「お天道様が見てござる」と言ってお金を返したのはなぜか。

自分は銀蔵みたいな鬼にはなりたくない

困っている人は助けないといけない

お金を返さなくてもいいと分かっていても、自分の心が自分を許さないから

借金をしているのはみんな知っていること

鬼の銀蔵に戻らず、仏の銀蔵になったのはなぜ？

共通解	

きまりを守ろうとするのは、人のどのような心からなのだろうか。

3 納得解と向き合う

必須発問②
自分の中の「お天道様」はどんなものか。

　「人の心は弱いものである」を前提にして考える。しかし、1年生の発達段階では、「証文がないのだから返済しなくて当然」「困っている人を助けるのは当然だから返してもらって当然」等の考えにとどまってしまう生徒もいる。必須発問②に入る前に、「自分にはなかった考えはどれか」と発問する。互いの成長の実感を聞き合うことで、自分の中にある心や鳥瞰して自分の姿を見つめる。人の心情を想像できる思いやりの心、強制力のない義務を果たす人間の生き方、自尊心に気付かせたい。

よりよい授業へのステップアップ

「人間の弱い、醜い心」に寄り添って

　銀蔵はひどく悪い人だったのだろうか。借金した人々ははじめから善人だったのだろうか。証文に従っているのだから法を犯してはいない。証文がないのだから返済の義務は生じない。どちらの立場に立っても人間の心に生じる気持ちではないだろうか。大人であっても子供であっても同じである。教師はそのことを十分に理解しておきたい。この立ち位置を教師がとっていることで様々な生徒の意見を温かみをもって受け入れることができるようになる。

教材名	出典：東書

席替え

主題 怖いけれど…

C(Ⅱ)公正、公平、社会正義

本時のねらい

　自分の気の合う仲間の利益だけを優先することでは、考え方が偏り、他者に対しての公平さを欠くことになりかねない。しかし、中学生の時期には、自己中心的な考えや偏った考え方から、他者に不公平な態度をとることがある。

　主人公の「私」は、事前に決めたルールを無視して、仲のよい者同士で並ぼうと強引に席の交換をすることに疑問を感じ、反発されるかもしれない不安を打ち消して、席替えをやり直すことを提案する。

　自己中心的な偏った見方や考えを押し通そうとする圧力に屈することなく、「見て見ぬ振り」をせずに不正を否定し正義を通すことで、公平で公正な集団や社会を実現しようとする態度を養う。

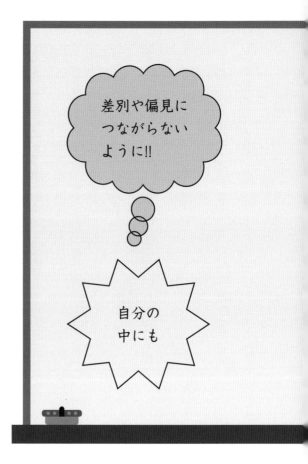

本時の展開 ▷▷▷

1　学習課題を設定する

必須発問①
なぜ「私」は、席替えのやり直しを言うのを迷ったのだろう。

　クラスでの席替えをするときの気持ちを想起した後教材を読むことで、身近に起こり得る切実な問題として、考えられるようにする。

　その上で、なぜ、席替えのやり直しを提案することを主人公の「私」は躊躇しているのか、恐れている内容を明確にし、「見て見ぬ振りをすること」や「避けて通ること」、言い換えれば、一部の人や集団のエゴによって、見方や考え方が歪められることを許すことが、集団や社会が望ましいものになるのかという疑問を、強く自覚できるようにする。

2　共通解を考える

中心発問
どのような思いから、「私」は席替えのやり直しを提案することができたのか。

　「なぜ『私』が迷った末に、席替えのやり直しを提案しようと決意したのか」を中心発問とし、まずワークシートに自分の考えを記入させる。その後、グループで意見交換をもとに、議論を行う。その際、身勝手な席替えをさせられた人たちは、どのように感じていたのかにも目を向けられるようにする。ここで、一部の人たちだけの自己中心的な利益が優先されることは許さないという考えが出るであろう。

　そこで、そのような不正を見過ごさないために大切なことは何か、問いを投げかける。

教材名 「席替え」

学習課題

公平、公正なクラスを実現するためには、どんなことが大切なのだろう。

・周りから反感を買うかもしれない。
・仲間はずれにされるかもしれない。
・自分だけいい子と思われたくない。

共通理解

・見て見ぬふりは、不公平を生む。
・「避けて通る」とか「ごまかす」ことを理解しない
・強い意志。
・目的をごまかさない。
・嫌な思いをする人の気持ちを考える。
・必ず味方がいることを信じる。

3 納得解と向き合う

必須発問②
自分と「私」を比べて見たとき、今の自分が大切にしたいことや見習うべきことは何だろう。

自分がどのような意識で生活してきたのかを考え、ノートに記入させる。その際、「反発を恐れて、不正を正すことを避けて通らない」といった、本時の共通解（同意解）に終始することがないようにする。そのために、不正を不快に思う正義感が自分に確かに備わっていたことに目を向けさせる。さらに、他者の不正を正すことだけでなく、自分の中にある、曖昧なままに不正を行おうとする弱さを、ごまかしたり見過ごしたりしないことも正義であるという納得解が得られるようにしたい。

よりよい授業へのステップアップ

単なる評論家にしないように

3 の場面の記述では、仲間はずれや反発される不安を抱えた自分を「悪い者」として否定し、「ひるむことなく不正をただす強さを大切にしたい」と宣言する生徒が多いと予想される。しかし、不安や恐怖を悪いものとして排除するだけでは、正義を重んじるには不十分である。まず、自分の中に不正を不快に思う正義感が存在することを積極的に肯定できるようにする。そして、自分の中の不正を行おうとする弱さをごまかしたり、見過ごしたりしないようにする大切さに気付かせたい。

教材名　　　　　出典：光村、日文

魚の涙

主題 いじめのない社会をつくる

C (II) 公正、公平、社会正義

本時のねらい

　よりよい社会を実現するためには、正義と公正さを重んじる精神が不可欠である。そして、自他の不公正に気付き、それを許さない姿勢と、力を合わせて差別や偏見をなくす努力が必要である。

　本教材は魚類学者でタレントでもあるさかなクンが著したもので、いじめが繰り返し現れる狭い水槽内のメジナの世界は、人間社会を生き写しにしているかのようである。

　「いじめはしてはいけない」とほとんどの生徒が思っている一方で、自覚のないままにいじめの加害者や傍観者になっている自分に気付き、いじめが起こらない社会をつくるために大切なことを考え、ともに尊重し合う態度を養う。

<blockquote>

教材名

「魚の涙」

学習課題

いじめが起こらない社会をつくるために大切なことは何だろう？

メジナの世界と人間のいじめ
・似たようなことをしている
・どうしていじめをするのか
・狭い（小さな）世界で起こる
・みんなで1人（1匹）をいじめる
・被害者が入れ替わる
・いじめが繰り返される

人間とメジナは違う
人間はいじめをなくそうと考える

</blockquote>

本時の展開 ▷▷▷

1 学習課題を設定する

必須発問①
メジナの行動と人間のいじめに共通することは何だろう。

　教材を一読後、メジナの行動と人間のいじめに共通することは何かを問い、いじめの起こる状況や特徴を確認する。また、メジナと違い、人間にはこうした状況を変えていこうとする意志があることにも気付かせたい。

　学習課題設定にあたって、今までのいじめの体験を共有する方法をとる場合は、学級や生徒個人の実態を把握し、慎重に行う必要がある。個々の事例に入り込んでしまったり、生徒によっては思い出したくなかったりする可能性もある。

2 共通解を考える

中心発問
「広い空の下、広い海へ出てみましょう」とは、どういうことだろう。

　「小さな籠の中で誰かをいじめたり、悩んだりしていても、楽しい思い出は残りません。外には楽しいことがたくさんあるのに、もったいないですよ。」という筆者の言葉と結び付けて考えさせたい。

　今いる場所の外側にも世界が広がっていることや、より広い視野で物事を見たときに自分の小ささや長い時間の流れを感じながら、自分に何ができるのかについて、異なった立場から迫っていきたい。

広い海で仲間を
見つけた魚の挿絵

共通解

・自分の行動や言動が周りを
変える力になる
・視点を変えて、広い世界で
物事を考えてみたり、客観的に
考えたりすることも大切
・自分だったらと置き換えて
考えてみる

広い空の下、広い海へ
出てみましょう

・自分が知らない世界がたくさんある
・教室や学校だけが世界ではない
・もっと大きな世界で見たら、
見方が変わる

いじめられている人

気持ちを伝える。いろいろな世界、
出会っていない仲間がいる

見てる人

自分だけのことを考えていていいのか

いじめてる人

自分のしていることはつまらないことだ

人間にはによりよくいきようと
する意志がある

⇒「いやだ」と伝えることができる
助けを求めることができる
⇒見ている人が注意できる
皆で協力できる
⇒自分で考えて行動できる

3 納得解と向き合う

必須発問②
いじめをなくすために、自分にはどんなことがで
きるだろうか。

　誰もがいじめをする側にも、される側にも、
見ている側にもなり得ることを踏まえ、それぞ
れの立場で自分に何ができるのかを問いたい。
本教材で述べられている「広い空の下、広い海
へ出てみましょう」という視点を踏まえなが
ら、現に身の回りに起きているかもしれないい
じめに対して、「相手の気持ちを考える」「やめ
てほしいと訴える、誰かに助けを求める」「『つ
まらないことはやめよう』と言う、みんなで考
え合うことを提案する」等、具体的な言葉で考
えさせたい。

よりよい授業へのステップアップ

いじめは必ずなくすことができる

　生徒の中には今までの体験の中で、
いじめをなくすことは難しい、あるい
は不可能だと思っている者もいる可能
性がある。本教材の中で、いじめられ
ている友達に寄り添う筆者のような存
在があったように、全ての人がいじめ
を是認しているわけではなく、何とか
しようと思っている者が必ずいること
を確認し、今後もいじめをしない、い
じめに遭ったり、見たりしたときに行
動する、もしいじめを受けたら周囲に
助けを求める、という意識に結び付け
たい。

教材名　　　　　　　　　出典：日文
富士山から変えていく

主題　つながりが生み出す力

C ⑿社会参画、公共の精神

本時のねらい

　日本人の誰もが愛してやまない富士山。世界中の人々からも、美しい山の一つとして知られている。しかしその実態はゴミにまみれており、自然遺産の登録も叶わないほどであった。

　住みよい社会とは、そこに暮らす一人一人の心の在り方によって決まるものではないだろうか。アルピニストの野口健さんは、エベレストに登頂したことをきっかけに、富士山も同様に汚れていることを知り、人々に呼びかけて清掃活動を行った。個人の力では限界があるが、野口さんの活動によって、多くの人々が環境問題に関心をもち、意識して行動するようになった。人と人とのつながりがもたらす力に注目し、社会の構成員として互いに助け合いながら、よりよい社会の実現に寄与する意欲を育てたい。

```
みんなで
作業して
いる写真
```

○みんなが力を合わせることで、変えていけることはないだろうか。

共通解
○「より良い社会」を実現していくためには、人々の力を結集していくことが必要である。
○自分たちにも力を合わせることで、より大きな力が生まれ、変えられることもある。

本時の展開 ▷▷▷

1 学習課題を設定する

必須発問①
「富士山から変えていく」を読んで最も心に残った部分について、その理由も含めて考えよう。

　誰もが知っている富士山。美しい山としてのイメージが一般的だが、自然遺産への登録を断念した経緯がある。まず、実際にはゴミ問題が存在したことを理解させ、現実の姿を知らせる。そして、その問題は自分たち人間が引き起こしていることを理解させたい。その上で、その事実を知って行動を起こした野口さんの姿に触れ、何が行動を起こさせたのかということについて考えるきっかけとしたい。

2 共通解を導き出す

中心発問
「自分たちの力でこの状況を変えていく」と意識し行動することを、なぜ大切にしているのだろう。

　ここでは、野口さんの取った行動が決して一人の力だけで成り立ったものではなく、より多くの人たちの力を合わせることで、結果的に成功していったことを実感を伴って理解させていきたい。そして、一人一人の力を合わせることが非常に大きな力を生み出し、やがては自分たち自身の生活そのものをも変えられるものなのであること、社会全体も変えていけるものであることに気付くとともに、自分自身の意識と行動がより大切であることも理解できるとよい。

教材名 「富士山から変えていく」

学習課題 「より良い社会」を実現していくために、私たちはどのようなことができるのだろう。

○ 「登山」「富士山」について、思っているイメージを発表し合う。

○ 「富士山から変えていく」を読んで、最も心に残った部分を、その理由と共に答えましょう。

富士山や登山者の美しい写真

補 富士山がゴミにまみれていたことを知ったとき、野口さんはどんなことを思ったのだろう。
（富士山の様子について、グループごとに把握させ、発表させてもよい）

ゴミにまみれた富士山の写真

◎ 「自分達の力でこの状況を変えていく」と意識し行動することを、野口さんはどうして大切にしたのだろう。

3 納得解と向き合う

必須発問②
みんなが力を合わせることで、変えていけることはないだろうか。

　中学生であっても、よりよい社会をつくるためにできることはある。自分たちの身近な生活に目を向け何ができるか、そのイメージを大切にし、関わろうとする意欲をもたせたい。学校生活であれば、クラス内での自治的活動やそこから生徒会を通して全校生徒の活動へと広げていくことも可能であろう。SDGs から環境問題へと発展させたり、通学路を中心としたクリーン作戦、さらに広く地域内外へ目を向けた募金活動など、可能性は様々である。力を合わせれば可能性が無限に広がることを考えさせたい。

よりよい授業へのステップアップ

理想でなく具体的なイメージを

　「ゴミを散らかさないのは義務だ」「登山者みんなでやればよい」そんな当たり前のことなら、中学生は授業を実施しなくても理解している。**2**の学びを通して、あくまでも理想的なことを語らせるのではなく、自分たちに何ができるのか、どうするべきなのかを自分事として具体的に考えさせることが大切である。また、総合的な学習の時間や特別活動と関連させて、SDGs について学ぶ中から、社会の一員としての在り方や生き方を考えさせていきたい。

教材名　　　　　　　出典：東書

本が泣いています

主題 公共の場をつくる意識

C ⑿ 社会参画、公共の精神

本時のねらい

　ある市立図書館を舞台とし、様々なマナー違反が取り上げられている。本の破損や汚れ、持ち出しなどが相次いだ。図書館司書の主人公は、貼り紙をしたり本棚の配置換え、センサー付きゲートを設置したりなどした。また、自由に手に取れるラックからカウンターの中へ雑誌などを移動したが、自由に制約なく利用できるようにしたいという思いと葛藤する。傷つけられて捨てるしかなくなった本を展示し「本が泣いています」と傍らに添えた。マナーを守って自由に利用できる図書館を目指している。

　泣いているのは誰か、そしてそれはなぜかを考えることを通して、公共の精神の大切さを理解し、よりよい社会をつくろうとする態度を育てる。

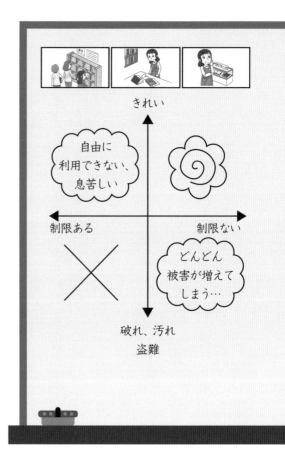

本時の展開 ▷▷▷

1 学習課題を設定する

必須発問①
題名の「本が泣いています」とはどういうことだろう。

　はじめに、教材の題名を提示して、これはどういうことだろうと問う。「盗まれたのかな」「本を読む人が減っているのかな」「破れたり汚れたりしているのかな」「泣いているのは人じゃなくて本？」などと様々な発言が出る。

　ここで、教材について、市立図書館が舞台であること、主人公は図書館司書であることを伝える。すると、本の破損等マナーに目を向ける子供が増えてくる。一方でやはり、人は泣いていないのかという問いが生じるため、学習課題設定につなげ、教材を範読する。

2 共通解を考える

中心発問
泣いているのは誰か、そしてなぜ泣いているのだろうか。

　泣いているのは誰かと問えば、主人公の岩井さん、図書館利用者、本が挙がる。また、細かく見れば利用者の中にも、毎日雑誌などを読みに来るのが日課で楽しみにしている人、購入費をあてられず図書館を利用している人など様々いることに気付く。そこで、それぞれがなぜ泣いているのか理由を話し合っていくと、マナー違反がたくさんの人を不幸にしていることが理解できる。公共の精神といっても中学1年生の発達段階では難しいため、具体的に涙を通してマナーの大切さに気付かせたい。

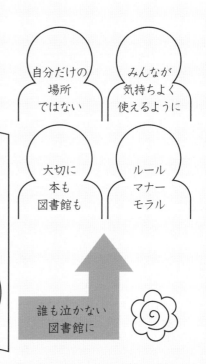

教材名

「本が泣いています」

学習課題

泣いているのは誰？なぜ？

共通解

本	◊たくさんの人に読んでもらいたいのに… ◊破られ、汚されて悲しい気持ち ◊図書館だから多くの人に見てもらえる…
岩井さん	◊被害が続々…（みんな快適に…） ◊対策が実らない（逆に利用しにくく…）
利用者	◊借りたい本がなくなる ◊自由に利用できない ◊買えないから借りにきたのに…　｛楽しみを奪われた気持ち｝

自分だけの場所ではない　みんなが気持ちよく使えるように

大切に本も図書館も　ルールマナーモラル

誰も泣かない図書館に

3 納得解と向き合う

必須発問②
誰もが泣かない図書館にするために、私たちはどうするべきなのだろう。

　マナー違反により悲しい思いをしている人がいることを理解した後は、実際にどのような行動や心掛けが、公共の場所を幸せな場所にできるかを考えさせたい。具体的な行動についても、なぜそうするのかを言語化させる。

　このとき、自分とは関係のない話だという意識では、納得解は紡がれないため、必要があれば身近な公共の場を想像させたい。特に深く感じ取らせたいのは、自分も公共の場所をつくっている一人なのだという意識である。そのことを踏まえて、本時の翌朝振り返りを記述させる。

よりよい授業へのステップアップ

教材の題名を生かす導入

　教材の題名を見たときに、様々な問いが浮かぶ。題名を効果的に活用することで、「教材を読みたい」という意欲も喚起できる。題名からどんなことが考えられるかを出し合っていくと考えていく方向性が絞られてくる。

　2の場面では、制限があるのとないのとではどちらが泣かないで済むか、では本がきれいなのと破損があるのとではどちらがよいかを座標軸で比較していく活動を通じて、「本が泣いています」はどのような状況なのかを板書でも可視化したい。

「看護する」仕事

主題 いきいきと輝いて働くとは

C ⒀勤労

本時のねらい

　勤労は、人間生活を成立させる上で大変重要なものであり、一人一人がその尊さや意義を理解し、将来の生き方について考えを深め、社会生活の発展・向上に貢献することが求められている。しかし、中学1年生の時期は、将来の夢や希望などの生き方については、まだ漠然としていることが多い。

　この教材で取り上げられている看護師の宮原さんは、患者とのコミュニケーションを大切にしながら仕事に誇りをもち、いきいきと働いている。

　宮原さんの看護の仕事に対する考え方や患者との接し方から、働くことの意義や喜びを考えさせるとともに、生きがいのある人生を実現しようとする意欲を高める。

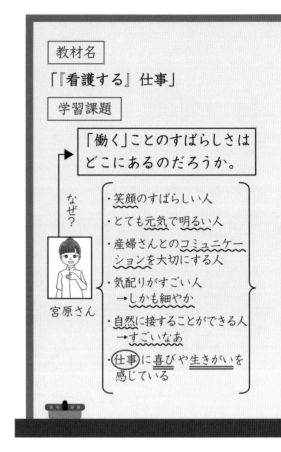

本時の展開 ▷▷▷

1 学習課題を設定する

必須発問①
宮原さんの看護師としての仕事の様子から、どのようなことを感じたか。

　まず、この教材を読んでの初発の感想を出させる。宮原さんの仕事ぶりや考え方からどのようなことを生徒が考えたのかを学級全体で共有する。タブレット等の端末を活用して、効率的に生徒の考えを学級全体で把握することが大切である。

　そして、それらを基にして学習課題を生徒とともに設定していく。出された意見を比較や分類、焦点化などしながら、生徒の興味や関心、疑問などがどこにあるかを確認しながら設定していく。

2 共通解を導き出す

中心発問
なぜ宮原さんは、看護師の仕事を一生続けていける仕事だと考えているのだろうか。

　1で設定する学習課題に応じて中心発問を設定するが、生徒の関心は宮原さんのいきいきとした仕事ぶりに集中する。そこで、宮原さんが看護師を一生続けてもいいと考える理由を考えさせることにより、「働くこと」や「人のために自分を生かすこと」の素晴らしさを分析させる。

　また、悲しみや苦労も絶えないという部分にも積極的に触れ、それを上回る喜びと生きがいがあることを議論させていくとよい。

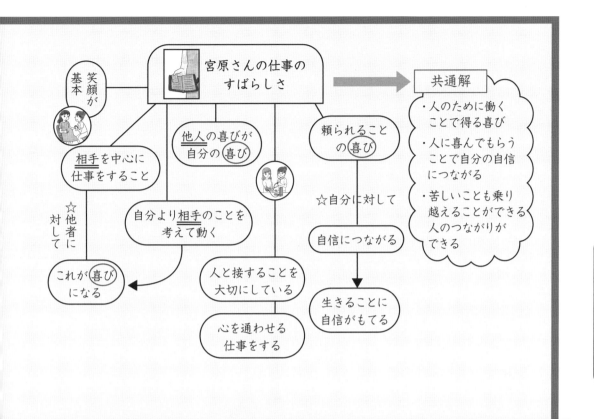

3 納得解と向き合う

必須発問②
患者さんが「看護師さん」ではなく「宮原さん」
と声をかけるのはなぜだろうか。

2において「働く意義」や「社会への貢献」
というような勤労の意味付けに関わる共通解が
出されるが、まだ実感の乏しいものである可能
性が高い。

そこで、宮原さんが名前で呼ばれるのはなぜ
かという点に絞って宮原さんの生きざまをさら
に深く考えさせていく。できれば、実感をもた
せるために実際の看護師をゲストティーチャー
として招き、この点についてコメントをもらう
ようにする。生徒にとってより身近で実感のあ
る「深い学び」となることは間違いない。

よりよい授業へのステップアップ

分析的に「輝く姿」を捉えさせる

この教材は宮原さんというスーパー
看護師の生きざまから勤労を考えさせ
る教材である。そこで、彼女の生き方
を生徒とともに分析しながら「勤労と
は何か」「何のために働くのか」とい
う主題に迫っていくことが大切であ
る。

そのためには、最初の学習課題の設
定が極めて重要となり、自分たちで課
題を設定することにより、主体的に課
題を解決していこうとする意欲をもた
せることができる。

教材名　　　　　　　出典：東書

靴

主題　**家族の思いにふれて**

C ⒁家族愛、家庭生活の充実

本時のねらい

　中学生という発達段階では、保護者から心配されても、また味方だと分かっている場合にも、素直に気持ちを伝えられないことが多い。
　本時では、タマゴマンが靴を隠されたときに生じた両親やタマゴマンの家族への思いを考えることを通して、自分の中にある家族に対する思いについて気付こうとする実践意欲及び態度を育てたい。
　学級には様々な生徒がおり、それぞれの家庭を取り巻く状況も様々で、その姿は一様ではないので、その点に留意して進めたい。

⒜補

より充実した家庭生活を送るにはどうしたらいいだろう？

共通解

◎家族が家族であるために必要なこととは？

両親はどうして声をかけられない？
・自分で乗り越えてほしい
・状況等を断定できない
・タマゴマンへの信頼

本時の展開 ▷▷▷

1 学習課題を設定する

必須発問①
部屋にいるタマゴマンはどんな気持ちだっただろうか。

　この発問は、学習課題を設定するというより、学習課題に迫る中心発問を補完する役割として設定した。
　タマゴマンの心情を理解する過程を通して、教材の全体像を掴み、議論の着火点についてポイントを絞って共通理解を図りたい。
　また、授業全体とのバランスにもよるが、「もしタマゴマンと同じようなことがあったとき、保護者に言うか」について確認しておくと、後半の議論に生きてくるかもしれない。

2 共通解を導き出す

中心発問
「どんなことがあっても、お父さんとお母さんはおまえの味方だぞ」に込められた思いとは？

　家族がそれぞれ深い絆で結ばれるためには、互いの思いを深く知ることが重要だと考える。
　ここでは両親からの思いに焦点をあて、タマゴマン家族を他人事として捉えると同時に、生徒の保護者から見た"自分"を客観的に見つめさせたい。
　生徒から出た意見をイメージマップで整理しつつ、補助発問で深めたりゆさぶったりしながら「うわべの話」にならないよう注意し、自分事に変わっていくような意識で授業を進めたい。

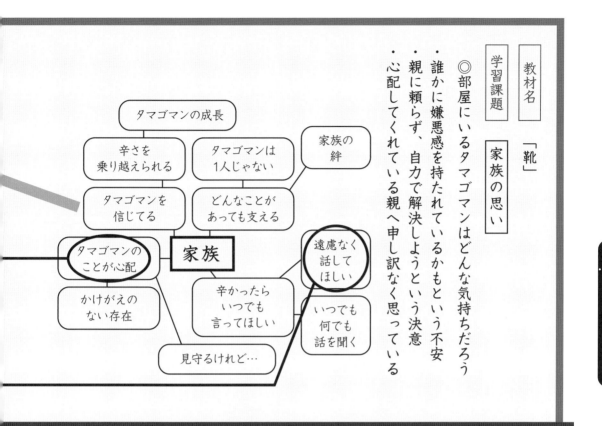

教材名	「靴」
学習課題	家族の思い

◎部屋にいるタマゴマンはどんな気持ちだろう

・誰かに嫌悪感を持たれているかもという不安
・親に頼らず、自力で解決しようという決意
・心配してくれている親へ申し訳なく思っている

家族

タマゴマンの成長
辛さを乗り越えられる
タマゴマンは1人じゃない
家族の絆
タマゴマンを信じてる
どんなことがあっても支える
タマゴマンのことが心配
遠慮なく話してほしい
かけがえのない存在
辛かったらいつでも言ってほしい
いつでも何でも話を聞く
見守るけれど…

3 納得解と向き合う

必須発問②
家族の奥にある思いとは何か。／より充実した家庭生活を送るにはどうしたらいいだろう。

2つの発問例を記載したが、特に1つ目は十分な議論の後、収束させる発問として使用したい。2つ目については、家庭生活への考えを深める発問であり、議論の展開を見て、適切なタイミングで繰り出したい。ただ、上記2つにとらわれることなく、5つ以上の発問を用意し、生徒と授業を創ることを意識しながら、柔軟に臨むことが大切である。

また、家族との関係については、語ることに対して恥ずかしさを覚える年代でもあるため、学級の実態に応じて発問の仕方を工夫したい。

よりよい授業へのステップアップ

ズレを起こさせる発問を用意する

保護者が味方であったとしても、その"味方"に素直に話せない中学生という年代がもつジレンマや、味方と言いつつ、タマゴマンに声を掛けることができなかったタマゴマンの両親の心情を考えることにより、より深い議論が期待できると考える。

ペアインタビューなどの役割演技も活用しながら、生徒の素直な思いを引き出しつつ、それらの思いを生かしながら、適切なタイミングで補助発問として繰り出したい。

教材名　　　　　　　　出典：日文

むかで競走

主題　集団の中の自分

C ⒂よりよい学校生活、集団生活の充実

本時のねらい

　運動会の伝統種目である「むかで競走」に、去年の悔しさから「今年こそは優勝したい」と燃える拓也が実行委員に立候補する。練習はよい調子だったが、運動の苦手な一宏のいるBチームは何度もつまずいてしまう。一宏が休んだ日には好調だったため、クラスメイトは「一宏がいないと優勝」と口にする。リーダーとして後ろ向きになるが、一宏がクラスメイトと練習するのを目にし、気持ちを改める。クラスも前向きになり、準優勝になった。登場するクラスのメンバーのよさについて考えることを通して、集団の中でそれぞれが役割を果たすことがよりよい集団をつくることを理解し、集団の成員として責任を全うしようとする心情を育てる。

本時の展開　▷▷▷

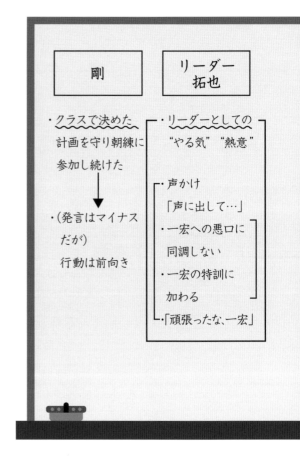

1　学習課題を設定する

必須発問①
むかで競走に向けた練習の様子を聞いて、このクラスをどう思うか。

　はじめに、教材について、運動会のむかで競走で優勝を目指して活動するクラスであること、そのリーダーが拓也で、運動が苦手な一宏のいるBチームはもたついていること、クラスメイトが陰口を言っていること、拓也が朝練に遅刻して剛に注意されたことについて伝える。その上で、このクラスをどう思うかを問う。後ろ向きな意見が多く出た後で、「でもこのクラスは準優勝になった」という事実を伝え、何かよいことがあったのだろうかという問題意識をもたせ、教材を範読する。

2　共通解を考える

中心発問
　3年A組の拓也、剛、一宏、広志・勇樹のよさは何だろう。

　準優勝という、練習の様子からは驚きの結果には、クラスのメンバーがよさを発揮した姿が想像できる。名前が登場したメンバーそれぞれのよさを話し合う。拓也はリーダーとしての姿、一宏は苦手な運動でもクラスのために一生懸命練習する姿、広志・勇樹は一宏と練習する姿、そして剛は一宏への不満を口にするもののクラスで決めた朝練には遅れずに参加する姿があった。このような姿からよさを見いだし、クラスという集団の中で、メンバー一人一人が役割や責任を果たしていたことに気付かせたい。

教材名

「むかで競争」

準優勝

学習課題

3年A組の拓也、一宏、
剛、広志・勇樹のよさは
何だろう。

共通解

みんながクラスのために貢献
責任／努力

運動が苦手
一宏

・苦手でも最後まで
やり遂げた
（クラスのため
手伝ってくれた仲間のため
クラスの一員として）
・悪口を聴いても逃げない
→「練習するぞ」の
気持ちに変えた

広志・勇樹

・苦手な一宏のために
・誰に言われたわけでもなく
・クラスのために
勝利 ＜ 和
（笑顔で走り切る
最高の思い出に

C
....
主として集団や社会との
関わりに関すること

3　納得解と向き合う

必須発問②
あなたが「一宏」だったら、ゴールした後でこの
クラスのメンバーに何と言うだろう。

　クラスのメンバーが集団の中で活躍したこと
を理解した上で、教材のキーになる運動の苦手
な一宏に焦点を当てたい。自分が一宏の立場
で、準優勝に輝いた後にクラスメートに何と言
うかを考えることで、集団への貢献や仲間への
寄り添いなどを自分との関わりで捉えられるだ
ろう。ここで注目したいことは、無口でいつも
下を向いている一宏に何が笑顔を与えたのか
を、「あなたが一宏だったら」という切り口で
自分の考えを自覚させたい。そのことを踏まえ
て、本時の翌朝振り返りを記述させる。

よりよい授業へのステップアップ

教材の読み方を変える

　このような教材の場合、主人公であ
る拓也をリーダーという視点で批判・
非難したり、この学級の問題点に目を
向けたりと、否定的な取り扱いをしが
ちである。「拓也はリーダーとしてど
うすべきだろう」のように、主人公を
悪者にしない展開をするために、教材
の読み方を変える必要がある。ここで
は準優勝になる集団であるから、その
成員のよさに目を向けてはどうだろ
う。もちろん問題点に着目することも
必要だが、それに終始せず、よさに向
かう思考と志向を取り入れたい。

全校一を目指して

主題 学級で決めたことを続ける

C ⒂ よりよい学校生活、集団生活の充実

本時のねらい

　中学生は、学校内の様々な集団に属している。その集団の一員であることに愛着をもち、よりよい集団にしていこうとする役割と責任が自分にあることを意識し、正しい目的に向かって取り組むことが重要である。

　由紀の提案により、アルミ缶の回収と整理係の当番で全校一を目指すことになったC組だったが、次第にやらない人が増えてきた。真美と由紀が協力しなくなった人に話して回るが、圭司と悟から「新人戦が終わったら」「無理矢理言う権利があるか」と批判されてしまう。一人一人が尊重されながら主体的な参加と協力があるとき、よりよい集団がつくられることに気付き、自分の役割と責任を自覚して集団生活の充実に努めようとする態度を養う。

本時の展開 ▷▷▷

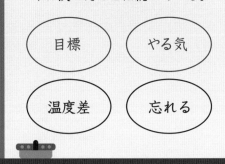

1 学習課題を設定する

必須発問①
学級のみんなで決めたことを、長い期間続けられた経験はあるか。

　はじめに「学級のみんなで決めたことを、長い期間続けられた経験はあるか」と問う。続けられなかった経験を問うと、何か説教がましい雰囲気から授業が始まってしまうので、プラス思向の発問から始めたい。話す内容は、小学校の経験でも当然構わない。

　何人かに経験を話してもらった後、そこから「どうして続けられる場合とそうでない場合があるのだろう」と投げかける。その後、周りの人と意見を交流させ、本時の学習課題につなげる。

2 共通解を考える

中心発問
あなたは、真美・由紀と圭司・悟の考えのどちらに共感するか。

　教材範読後、まず「真美・由紀と圭司・悟の考えは、どんな違いがあるか」と問い、問題点を整理する。その上で、「あなたは、真美・由紀と、圭司・悟の考えのどちらに共感するか」と問う。ネームプレートで立場を明確にした後、どちらが正しいかではなく、別の立場から考えることで新たな視点に気付くことを目的に話し合いをする。吹き出しに理由を整理した後、もう一度ネームプレートで立場を明確にし、友達同士で互いに質問を出し合う。最後に学習課題に立ち返り共通解を見いだす。

◎真美・由紀と、圭司・悟の考えのどちらに共感するか？

みんなで決めた
ことは守るべき

竹田さん…車いすを送って
喜んでもらいたい

新人戦のこと
も大事

| 真美 |
| 由紀 |

| 圭司 |
| 悟 |

・お年よりのためにとい
　う気持ちはよい。
・やらなかったり陰で
　文句を言うのはずるい。

・そもそもの目的は地
　域の美化だったはず。
・みんなが参加したいと
　思える話し合いだったか。

・新人戦→多少できなく
　ても仕方がない。
・後から状況が変わるこ
　とはある。

・できない人が代わりに何
　をするかも決めるべき。

・達成できそうな目標だと
　がんばれそう。

・クラスだけでなく、
　一人一人も大切に。

共通解　・自分から参加したいという気持ちになったとき、長続きする。
・一人一人が大切にされ、個人もクラスも満足できることが大切
・目的を見失わず、みんなができそうな目標を設定する。
　（目標を修正することも必要）

C 主として集団や社会との関わりに関すること

3 納得解と向き合う

必須発問②
もし、このクラスにいたら、あなたはどんな学校
生活を送れそうか。

　終末に、**2**で考えた「共通解」を確認しなが
ら、「もし、（共通解のような考え方ができる）
このクラスにいたら、あなたはどんな学校生活
を送れそうか」と問い、よりよい学級が実現し
た姿を想像させる。

　その上で、本時で学んだこと、考えたことに
ついて振り返る時間を設定する。「最初はいい
けど途中からうまくいかなくなる」「すぐ裏で
文句を言ってしまう」など、自分の経験と重ね
ながら振り返りができるような習慣を、日々の
活動で付けていきたい。

よりよい授業へのステップアップ

教材提示と内容理解の工夫

　教材の本文が長く登場人物も多く登
場するため、事前に教材文を読むよう
生徒に伝え、本時ではあらすじを確認
してから授業に入るといった工夫をす
ることも効果的である。

　また、登場人物を把握しやすいよ
う、板書例のように、名前入りの挿絵
を用意し、教材の登場人物がそれぞれ
何を言ったかを視覚的に把握できるよ
うにするのもよいだろう。教材の内容
を生徒が簡潔に理解できるよう工夫す
ることで、発問が精選され、深い学び
への追究に時間をかけやすくなる。

教材名　　　　**出典：東書**

郷土を彫る

主題 郷土のよさを見つめなおす

C ⒃郷土の伝統と文化の尊重、郷土を愛する態度

本時のねらい

　自我の確立を強くする中学生の段階では、地域によって自分が支えられていることに無自覚であることも多い。

　「郷土を彫る」は、「宮島彫り」の伝統工芸士・広川さんと出会った「私」が、その強い思いと情熱に感銘する中で、自身の郷土への思いを再確認する教材である。

　「伝えたい地元のよさ」について事前にアンケートを実施し、郷土に対する思いや愛着を再確認するところから授業を始めたい。主人公が、広川さんやその作品に強く心をゆさぶられたのはなぜか話し合うことを通して、伝統の継承には先人たちの情熱があったことに気付き、郷土のよさを伝えるために自分にできることを実践しようとする態度を育てる。

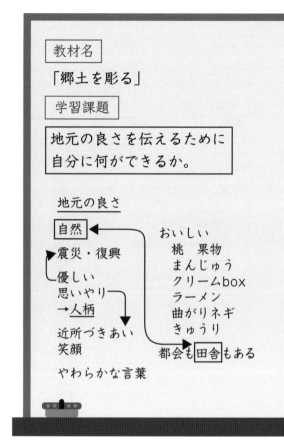

本時の展開　▷▷▷

1 学習課題を設定する

必須発問①
自分が伝えたい「地元のよさ」は何だろう。友達は地元に対してどんな思いをもっているのだろう。

　事前に「伝えたい地元のよさは何？」というアンケートを、タブレットのアプリを活用して実施する。キーワードを集計し、グラフ化して学級の考えの傾向を可視化するとともに、意図的指名をしながら本時の学習課題につなげていく。物質的なよさだけでなく、人柄など、地元にある内面的なよさにも気付くことができるようにする。友達の意見を聞いて改めて考えたことや気付きについて補助発問をし、生徒が日常的に意識しない郷土について目を向けさせる。

2 共通解を考える

中心発問
広川さんやその作品と出会い、「私」がこんなにも感動し、心をゆさぶられたのはなぜだろう。

　杓子や宮島など、生徒にとってなじみのない事実について写真資料を活用して知識を整理するとともに、実物の宮島彫りを提示し教材への関心を高める。広川さんのインタビュー動画を視聴した上で、教材を読む「私」が強く心を動かされた理由について話し合うことで、宮島彫りに打ち込む広川さんの情熱に、生徒たちは目を向けていく。広川さんが余命宣告を受けたが、震える手で彫り続けたという新聞記事を紹介することで、伝統を後世に伝えようとする情熱とそのひたむきさについて考えを深める。

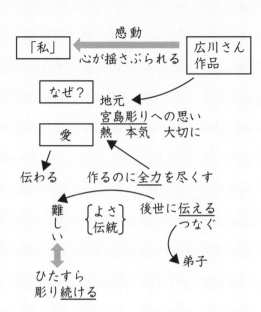

地元の良さを伝えていこうとするとき
あなたにできることは?

・みんなが「いい」と思えるような
　町づくりをする←参加する
・周りの人への感謝の気持ちを持つ
・震災なども伝えて、苦しいことも
　乗り越えて今があるということを
　伝える
・地元の良さを楽しみながら生活したい
・近所づきあいを増やし交流を深めたい

　共通解

・地元の良いところや
　地元への「思い」をまず知る
　　　　　　　　　　　発信する
　　　　　　　　　　　伝える
・自分よりも若い世代に伝えていく
・自然を大切にする、汚さない

---

3 納得解と向き合う

必須発問②
地元のよさを伝えていこうとするときに大切なこと、自分にできること・したいことは何か。

　改めて地元のよさに目を向けることができるように、GReeeeN の「『星影のエール』〜福島 colors ver.〜」の動画を視聴。郷土のよさや歴史が伝わる動画を視聴することで、生徒にとってなじみのない土地を題材とした教材であっても、自分事として考えることができる。地元のよさを伝えていくときに大切にしたいことをワークシートに記入し、書き終えた生徒から自由に立ち歩いて意見を交流する。広川さんが亡くなった際の、弟子たちがその技を伝承することを誓った新聞記事を紹介する。

よりよい授業へのステップアップ

動画・実物教材の活用

　郷土愛の教材は、生徒にとってなじみのある場所でないことの方が多いであろう。「教材」と「生徒の実態」に橋を架けることができるような副教材を準備することで、自分事として考えることができるような工夫をしたい。本時では通信販売で宮島の杓子・宮島彫りのお盆を入手した他、広川さんのインタビュー動画、新聞記事などを紹介する。余命半年と宣告されても展示会を開き、ケアハウスに入所後も制作を継続した広川さんの情熱を、授業を通して伝えられるのは光栄である。

教材名　　　　　　出典：東書

古都の雅、菓子の心

主題 日本の伝統と文化にふれて

C⒄我が国の伝統と文化の尊重、国を愛する態度

本時のねらい

　「我が国の伝統を守る」と一言で言っても、中学生の日々の生活の中では、実感を伴っての理解にまで至ってないのが現実である。「なぜその伝統を守るのか」「どの伝統を守っていきたいか」など、日本の伝統について、能動的な理解と働きかけが必要である。

　本教材では、和菓子作りの後継を通して、日本文化の美点とされる「おもてなし」や「一期一会」という精神哲学に生徒たちが触れ、自分たちが固有の文化として誇りに思い、後世へと守り育てていきたいものについて焦点を当てることを促している。

　優れた先人たちの努力や精神を理解し、伝統や文化として継承し、そこに留まらず新たに発展させていこうとする態度を養う。

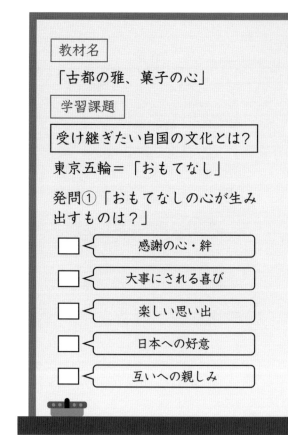

本時の展開 ▷▷▷

1 学習課題を設定する

必須発問①
おもてなしの心が生み出すものは？

　はじめに東京五輪からの日本文化を話題にし、日本らしさとして紹介していた「おもてなし」を切り口に、その精神とそこから生み出される感情の波及効果について深く考察させる。次に、その回答を黒板上にネームプレートを貼る、もしくは電子掲示板ソフトなどを利用して情報機器上に意思表示をさせ、日本が今回の五輪で広げたかった感情＝「日本が目指す世界」について、共有をさせる。その中で、他者との融和や協調、参加するアスリートへの奉仕の精神などがあったことに気付かせる。

2 共通解を考える

中心発問
一期一会という伝統が伝える日本らしさとは？

　千利休が戦国時代に確立した茶道の極意に由来する一期一会には、一生に一度の機会と考えて、互いに誠意を尽くす心構えが示されている。そこには「人との出会いが尊く、大切なものであること」「今、互いに相対する時間が大切であること」「二度と会わないからこそ相手に最大限の配慮をすること」の素晴らしい精神性に気付かせ、自分が一番心に残った部分を交流する。その上で、「伝統を守ることがなぜ大事なのか」という考えの深い意味を捉え、伝統について積極的に関わる意識を促す。

発問②「一期一会という伝統が
伝える日本らしさとは？」

・相手ファーストで考える。
・一度きりだからこそ大事に
　するという考え方がよい。

> もと茶道の心得を表した語で、
> どの茶会でも一生に一度の
> ものと心得て、主客ともに
> 誠意を尽くすべきこと。

・もう二度と会えないかもしれな
　い相手に誠意を尽くし、最大限
　のもてなしで迎える。
・茶道は戦国時代の千利休が完成
　させた。
・明日の命が知れない時代に、
　何が大切と感じたのか。

> 「伝統を守ること」はなぜ
> 大事とされるのか？

共通解

> どんな考えが伝統になるのか？

＝自分たちの「守りたい考え」が
　伝統になる。

発問③「これから守りたい考えは？」

・相手を一番最初に考える
・和をもって、ことを成す
・人に迷惑をかけないこと
・綺麗に整理する
・控えめな美

3 納得解と向き合う

必須発問②
どんな考えが伝統になるのか。これからどんな考
えを守っていきたいか。

　ただ伝統を無批判に守ることを推奨するので
はなく、自分たちが守りたいと考える大事なこ
とがあることに気付かせる。また、それを継承
していこうとする意識の働きが「伝統を守る」
という考えの根本にあることを理解し、「自分
たちが大切にしていることは何か」「どんな社
会・文化を構築したいと思っているのか」など
を考える。その上で、今一度既成概念から「あ
たりまえ」と思っていたことを見直し、従来の
伝統の考えを検証し、自国の新たなよさを発見
し、受け継いでいく意識を育てる。

よりよい授業へのステップアップ

**既成概念を壊す発問で思考を深め
る**

　2と3の場面、「伝統だから守らな
ければならない」という頭ごなしの発
想からでは、現代の生徒の納得解は紡
がれない。「大切にしたい考えが伝統
になる」というプロセスの理解が深ま
ることで、価値項目の本質的な理解に
つながり、応用の利く知識となる。物
事を検証的に見ることで考えを深める
ことを理解し、伝統を守り育てる担い
手として、どのような文化・価値観を
自国が大切にするのか、など積極的に
思考する姿勢の育成につなげる。

教材名　　　　　　　出典：日文

違いを乗り越えて

主題　多文化の理解を深める

C ⒅国際理解、国際貢献

本時のねらい

　国際交流を広める活動の一環で、Ａさんがインドネシアからやってきた。「私」は日本料理を味わってもらおうとしたが習慣の違いからうまくいかない。一方、「私」の母は、言葉が片言の英語でも気持ちが通じ合っている。「私」は、大切なのは気持ちだと気付く。互いの文化の違いやよさを積極的に理解しようと努力することが違いを乗り越える鍵となることを知る。国際理解というと、「その国の文化や習慣の背景を知り、理解すること」「違いを認め合うこと」等、生徒は分かっている。知識として知っているだけではなく、どのように互いを理解するとよいかを深く探っていきたい。自分の文化も大切にしながら多文化を徐々に受け入れていこうとする態度を養う。

> 共通解
>
> 文化や習慣の違いを乗り越えて理解し合うために大切な気持ちは何だろう。
>
> 無理のない範囲で相手の文化や習慣に合わせてみようとする気持ち。
>
> 結局はお互い同じ人間同士という気持ちを忘れないでいる。

本時の展開　▷▷▷

1 学習課題を設定する

必須発問①
最初に、「私」はＡさんにどのように接してあげればよかったのか。それはどんな気持ちからか。

　「私」は母の姿から、大切なのは気持ちと分かる。生徒も「気持ち」であることは理解している。それがどんな気持ちに基づくものなのか２つの事例を通して考える。

　具体的な接し方を考えることで、自分ならどうされたいか・どうしたいか、双方の立場になって自分事で考えやすい。気を付けることは、方法論だけになってしまわないことである。それがどのような気持ちや考えで裏付けされた行動かを考えることが道徳科の重要で意味のあるところである。

2 共通解を導き出す

中心発問
文化や習慣の違いを乗り越えて理解し合うために大切な気持ちは何だろう。

　必須発問①で具体的に考えたので、中心発問は考えやすくなっている。「どうしてそう考えたのか詳しく説明してくれる？」とさらに問い返しをする。今までの知識だけで考えた意見の生徒には自己対話の意味が大きくなる。教材中の両者になりながら考えを深める。まずは同じ人間である（人間愛）が、地域や文化に違いがあるため本質が見えづらくなっていることに気付く。多文化理解は、違いを知り（相互理解）、共に協力して（社会連帯）少しずつ受け入れる努力するという価値からなることを理解する。

教材名	「違いを乗り越えて」
学習課題	互いの違いを理解するために大切な気持ちは何だろう？

どう接してあげればよかったのだろう？
それはどんな気持ちから？

お刺身とわさび
舌が震えていた

勝手に決めないで相手に聞いてみる。
・自分達の気持ちを押し付けない
自分の刺身を少し分けてあげる。
・少しずつチャレンジしてもらいたい
・いきなり初めてのことに慣れるのは難しい
「無理して食べなくていいよ」と言う。
・無理をして日本の文化を嫌いになってほしくない

そばをズルズル音を立てて食べる
日本人の作法に合わせたら？
ズルズル音を立てて食べるのを止める。
・日本の習慣でも相手の嫌がることはしたくない
音を立てないで一緒に食べてみようと誘う。
・少しずつ慣れて日本を好きになってほしい
・どんなことも一緒にやっていきたい

3 納得解と向き合う

必須発問②
今日の授業で学んだことから、違いを乗り越えるために一番大切にしたい気持ちはどれだろうか。

共通解で友達の意見を聞いて、多様な視点を知ることができる。「一番大切にしたい気持ち」を問うことで、再び自分と向き合い自分の道徳的価値を再構築することができる。多文化に接することが日常であるという生徒は多くないかもしれない。「国際理解」について知識だけの理解から、こういう気持ちは大切にしておきたいと身構えの準備を養うことができる。分かっているけど、どうしてよいか分からない生徒から、具体的にどう考えていけばよいか分かる生徒を育てたい。

よりよい授業へのステップアップ

方法を問うときは必ず理由も問う

教材によって、より自分事として考えさせるために「どうしたらよいか」などの方法を問うことがある。「こうすればよかった」「この方法ならだれも悲しまない」等、次々と発言する。道徳科の授業が単なる問題の解決方法を考える時間と化してしまう。これでは、道徳科の授業にはならない。その方法がよいと思った理由や根拠を必ず問わなければならない。行動の奥にある心をじっくり自己内対話することで、考えが深くなっていくからである。

教材名　　　　　　　出典：学研

たとえぼくに
明日はなくとも

主題　**つなげる　いのち**

D (19) 生命の尊さ

本時のねらい

　生命とは、唯一無二の、尊いものである。しかし、中学生の時期は、有限性は理解できても、その尊さを自覚することは難しい。

　主人公の石川正一さんは、筋ジストロフィーの進行と共に体が不自由になっていく中で、不安な日々を送るが、陶芸家の館野さんとの出会いが、余命が短い事実を受け入れ、残りの時間を悔いなく生きていこうと、生への姿勢を変化させる。

　人間の生命の有限性について見つめ直すとともに、人の生命は、互いに支え合い、つながり合って生かされていること（連続性）に気付き、その不思議さや尊さに感謝しながら、自他の生命の大切さを深く自覚し、尊重しようとする心情を高める。

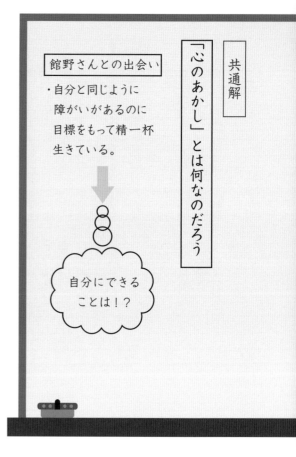

本時の展開　▷▷▷

1　学習課題を設定する

必須発問①
正一君が、命をけずるように、見つけようとしていた「何」かとは何だったのだろう。

　「ぼく一人でできる！」と歯を食いしばりながら頑張っている主人公が、人と違うことを悔しがり、「ぼくなんかどうして生まれてきたの？」と母親に問うたときのやるせない気持ちを理解させる。さらに、何歳まで生きられるのか父親に聞くことが我慢できない気持ち、20歳までしか生きられないことを知った驚きを理解させた後、それでも命を削るように「せっせ」と何を見つけようとしているのかという疑問を抱かせることで、本時の学習課題につなげる。

2　共通解を考える

中心発問
限りある命をかけてまで、やり遂げたいと思わせるものとは、何なのだろう。

　「限られた人生の中で、正一君が彫刻、絵、読書、詩に懸命に取り組んだのはなぜか」を問うことで、館野さんとの出会いが、なぜ、余命短い主人公の生き方を変えたのかを考える。

　その際、「まるで新しい人生が始まったかのような出会い」や、粘土が付いた手できつく握手されたときの「涙が出るほど」のうれしさの意味を深め、障害を抱えた館野さんの生き方から学んだ「何かを見たような気がした」ものの正体について、明らかになるようにする。

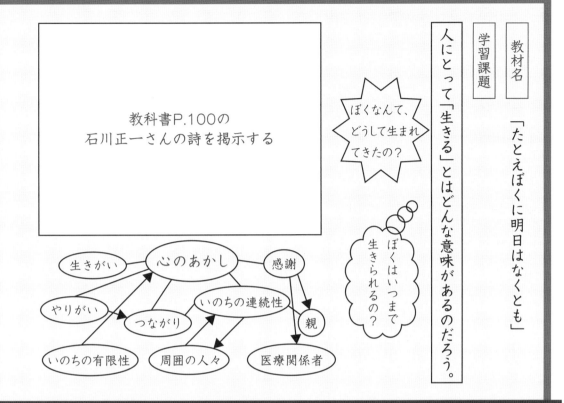

教材名 「たとえぼくに明日はなくとも」

学習課題 人にとって「生きる」とはどんな意味があるのだろう。

ぼくなんて、どうして生まれてきたの？

ぼくはいつまで生きられるの？

教科書P.100の
石川正一さんの詩を掲示する

生きがい

心のあかし

感謝

やりがい

つながり

いのちの連続性

親

いのちの有限性

周囲の人々

医療関係者

3 納得解と向き合う

必須発問②
「生きる」とはどういうことなのだろう。生きる
意味について、考えをまとめてみよう。

　終末に、詩にある「心のあかし」とは何なの
かを問う。「たとえぼくに明日という日はなく
ても、ぼくは生きよう！」といった言葉に込め
られた主人公の気持ちを想像しながら、「いの
ち」の意味についてどう考えたかを、ワーク
シートに記入させるようにする。
　主人公にとっての館野さんのように、自分自身
の考えを深めさせることに影響した人物の存在
を考えさせ、自分の生きる意味を支える人、つ
なげようとする人によって生かされているつなが
り（連続性）に思いを広げられるようにしたい。

よりよい授業へのステップアップ

視点を広げて多面的に考える

　3の場面に移る際、「胸をかきむし
られるような思い」や余命を告げたと
き、浴槽の中からお湯をくんでは、続
けざまにぼくの背中に浴びせはじめた
両親の悲しみややるせなさを想像させ
る。その後、そんな両親に、正一君の
17歳を迎えてからの変化からどのよ
うなことが伝わってきたのかを問う。
その後、「心のあかし」とは何なのか
を考えさせることで、個々の生徒が生
きる意味やそれを支える人々の思い、
それに応えようとする「いのち」の不
思議さに気付くようにしたい。

捨てられた悲しみ

主題 生命を尊重する

D (19)生命の尊さ

本時のねらい

　身近にある命の存在について考えることは、自分を含め、あらゆる命を大切にしようとする態度の育成につながる。

　全国の保健所で殺処分される犬や猫の数と、保健所に持ち込む理由からうかがえる人間の身勝手さに、生徒は憤りを感じるだろう。そして、殺処分される犬や猫を最後まで世話する女性の行動を通して、身近な動物との関わり方やこのような動物を減らしていくために自分ができることについて考えを深めていきたい。

　人間の生命のみならず、身近な動物をはじめ生きとし生けるものの生命の尊さと、生命あるものは互いに支え合って生きていることに気付き、かけがえのない命をいとおしむ気持ちや態度を育んでいく。

本時の展開 ▷▷▷

教材名
「捨てられた悲しみ」

学習課題

命の尊さについて考えよう

教科書P.102
資料1を掲示

・誰かに拾ってもらおうというのが自分勝手
・自分で育てられないのなら初めから飼うのはやめるべき
・ペットはおもちゃやファッションじゃない
・一瞬かわいいと思っても、本当に飼うことができるのか考えなくてはいけない

1 学習課題を設定する

必須発問①
教科書の「ペットは、おもちゃ（中略）飼わないことも愛情です。」とはどういうことだろう。

　ACジャパンのテレビCMの一場面を提示し、どういうことを呼びかけているのかを問いながら、本時の導入とする。

　その後、教科書の1ページ目を読み、資料1と資料2から気付くことや感想を共有し合い、教科書のポスターにある「飼わないことも愛情です」とはどういうことかを考えたい。

　2つのポスターの内容は、一見異なっているように思うかもしれないが、実は同じことを訴えていることに気付かせ、学習課題を設定する。

2 共通解を考える

中心発問
こずえさんは、どんな思いで残り短い命の犬や猫の世話をしているのだろう。

　生徒は、人間の都合によって犬や猫の命が奪われていくことに対して、悲しみや疑問の気持ちをもつだろう。一方でこのような現実を直視してこなかった自分を振り返ることにもなるはずである。

　動物好きなこずえさんが最後まで犬や猫の世話をする姿に、生命を尊重する意思が行動として表れていることに気付かせていきたい。そして、動物の命も人間の命と同じように尊いものであることを感じ取らせたい。

教科書
P.103
ポスター
を掲示

教科書P.104
写真を掲示

共通解

こずえさんの思い

・センターにいる犬や猫には
　何の責任もない
・動物の命を軽く見ている人がいる
・どうしてこの動物たちは
　死ななくてはならないのか
・人間のせいでごめんね
・せめて最後まで穏やかに安心
　して生きてほしい
・犬や猫も一生懸命生きている
・このような実態を多くの人が知るべきだ

・捨てられていい命はない
・人間も動物も命はかけがえの
　ないもの
・人はペットによって救われている
・犬や猫の捨てられた悲しみの声
　を聴ける人になりたい

命の尊さ

3 納得解と向き合う

必須発問②
身近な動物の命の尊さについて考えてみよう。

　ペットを飼った経験や学級で動物を育てた経験を基に、動物との具体的な関わりを想起しながら、命のかけがえのなさを実感させたい。「人はどうしてペットを飼うのか」と問うことで、人が動物の命によって支えられている側面があることに気付かせたい。その上で、身近な動物の命が尊重されているのか、考えを深めていきたい。

　生命の尊重と命をつなぐことについて、新たな問いや視点が生まれてくる可能性もある。

よりよい授業へのステップアップ

私たちは命によって生かされている

　殺処分される犬や猫の実態を知った生徒は、人間が食料として食べている動物について割り切れない思いを抱くかもしれない。

　殺処分される犬や猫と、食肉となる牛や豚は同じなのかと問いながら、私たちは命をいただいて生きていることを真摯に自覚し、だからこそ、命に感謝し、命を粗末にすることなく、尊重することの大切に意識を向けていきたい。

教材名　　　　　　　出典：日文

木の声を聞く

主題 自然を愛する

D ⑳自然愛護

本時のねらい

　人は、自然の素晴らしさ、その生命力の強さや崇高さに驚きや感動を覚えることがある。また自然災害などでは、人間の力が遠く及ばないことへの畏怖や緊張をもつこともある。

　本教材は、木の声を聞くことを通して、その力を確信している樹木医の塚本さんが主人公であり、自然がもつ偉大さをもとに、生命の尊厳について考えることができる教材でもある。樹齢150年の大藤の移植を、その生命力の大きさを感じながら行った主人公の取り組みを通して、自然と人間との関係、人もまた大自然の一部であるという、謙虚さを忘れずに自然と向き合うことの大切さ、自然と人間の関係について学ばせていきたい。そして、自然愛護に努めようとする実践意欲を育てたい。

共通解

大藤の
写真

○「自然」と「人間」が共生していくためには、どのようなことができるだろう。

・「自然」と「人間」が共生していくためには、樹木の生命力を信じて、大切に接すること
・自然に対して尊敬の気持ちを持ち続け、謙虚に接すること

本時の展開 ▷▷▷

1 学習課題を設定する

必須発問①
「木を救う仕事ではなく、（中略）だけ」と塚本さんが考えるようになったのはどうしてだろう。

　まず「樹木医」について確認をする。「樹木医」という言葉から連想されるのは、多くの場合「樹木の治療」をするというイメージだが、実際には木のもっている生命力を高めるものと主人公は言う。真剣に樹木を見つめ、木の立場に立った真摯な仕事の様子から、人間という生物である自分も、生命というものの営み（有限性・連続性・偶然性）の中にあることや、自然の偉大さから、人として謙虚に向き合うことの大切さに気付かせていきたい。

2 共通解を導き出す

中心発問
樹木に祈りを捧げその声に耳を澄ますという塚本さんの姿から、どのようなことが学べるだろう。

　塚本さんがいかに自然に対して謙虚であるか、そのことに気付かせていきたい。樹木の声を聴き、感じ、自らの目で観て状態を判断し、大藤の移植を成功させた。その姿勢こそが、人間が自然を守るなどというおこがましいものではなく、むしろ自然の恵みの中で生かされているということであることに気付かせたい。イメージがわかない生徒に対しては、人間の手によって環境破壊が起き、それが大災害に通じていることなどをもとに考えさせていきたい。

教材名　「木の声を聞く」

学習課題　「自然と人間」が共生していくためにできることとはどのようなことだろうか。

（大自然の写真）

樹木医について
・樹木の保全のため診断や治療にあたる専門技術者（広辞苑）

○自然の偉大さや美しさを感じたことはありますか。

○「木を救う仕事ではなく、その木に宿る生命力を高める仕事をしているだけ」と塚本さんが考えるようになったのはどうしてだろう。

◎樹木に祈りを捧げ、その声に耳を澄ますという塚本さんの姿から、どのようなことが学べるだろう。

（補）「この大藤は移植できる」と塚本さんが確信できたのは、どんなことからだろう。

大藤の移植の写真

3 納得解と向き合う

必須発問②
「自然」と「人間」が共生していくためには、どのようなことができるだろう。

　生徒たちは、これまで他の教科等でも関連する学習をしている。例えば理科では自然そのものを扱うし、地理でも様々な地形や自然環境について学習している。また、総合的な学習の時間などでは、SDGs について学習していることもあるだろう。それら教科等横断的なつながりの中から、広く環境問題を捉えさせたい。そして塚本さんの姿から、自分たちにできることは何かを考え、「自然との共生」の視点で具体的に考えさせたい。

よりよい授業へのステップアップ

生徒の気付きをより深くするために

　2の場面で、実際に塚本さんが、「この大藤は移植できる」と確信できた具体的な場面を共有することで、塚本さんがどれだけ樹木に寄り添い、そこから情報を得ようとしているか、樹木の立場に立とうとしているかが分かるような発問である。補助発問として、どのようなことから「移植できる」と塚本さんが判断したのかを問うことで、「樹木の声を聴く」ということについて、さらに深く考えさせていきたい。

火の島

主題　自然の力と向き合う

D ⑵感動、畏敬の念

本時のねらい

　畏敬は、非日常的な体験や出会いを通して自覚されることが多い。本教材で取り上げられた「火山の溶岩に近づく」も、生徒の生活とはかけ離れた、非日常的な体験であると言えよう。

　三好さんが捉えたキラウエア火山の火山活動の写真は迫力があり、そこから地球が息づいている事が感じられる。三好さんの臨場感あふれる体験談から、自然の偉大さを感じることができる。事前アンケートを実施することで、自然に感動したり畏れを抱いたりした体験を振り返る。作者の感動を支えた思いについて話し合うことを通して、人間が創り出すことのできない火山の力に気付くことを通して、人間の力を超えた自然の力への畏敬の念を深めようとする心情を育てる。

教材名
「火の島」

学習課題

自然が、神秘的・こわい・どうすることもできない、と人間に思わせる根っこは何か？

自然…キレイ ⟷ コワイ

美しい　　　　反面　おそろしかったり
感動　　　　　　　　　　　　　危険

人間にも
同様の二面性がある

本時の展開 ▷▷▷

1 学習課題を設定する

必須発問①
自然に感動したり、畏れを抱いたことはあるか。

　事前に、自然に感動や畏れを抱いた体験を振り返るアンケートを実施する。タブレットのアプリを活用して実施することで集計の時間を短縮することができる。結果をテキストマイニングのソフトに入力することで、ワードクラウドの形で学級の考えの傾向を可視化するとともに、アンケートにそのように回答した理由を、意図的指名をしながら発表してもらい本時の学習課題につなげていく。映画「モアイと伝説の海」から、キラウエア火山の女神をモデルにした火山の神の登場場面を視聴し興味を高める。

2 共通解を考える

中心発問
自然が、「神秘的・こわい・どうすることもできない」と人間に思わせる根っこは何か？

　キラウエア火山に接近した作者が「人生で最も過酷」と感じた一方で「忘れられない感動的な体験」と感じたのはなぜか、その理由を話し合う。作者の思いを支えたものを考えることによって、人間の力が及ばない地球のエネルギーや、人間ではどうすることもできない自然の力に目を向けさせ、中心発問につないでいく。人間には成し得ない強大な力をもつ自然を、人間が破壊している愚かさや、もっと自然に感謝をするべきだという意見も予想される。

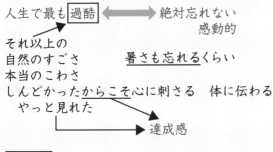

人生で最も 過酷 ⟷ 絶対忘れない
　　　　　　　　　　感動的

それ以上の
自然のすごさ　　　暑さも忘れるくらい
本当のこわさ
しんどかったからこそ心に刺さる　体に伝わる
　やっと見れた

　　　　　　　　　→ 達成感

神秘的 な体験　　→ 自然が大きく動く
　　　　　　　　　　地球のエネルギー
自然しか作り出せない

キラウエア火山からのメッセージ

人間が簡単に立ち入ってはいけない〜神聖
噴火…普通の事、自然に起こる
こわい ＝すごい
　↑
人間の見方　勝手な行為
　　　→ なぜ破壊？　もっと感謝を！

自然は自分達では生み出せないもの
　だから自然にあらがえない、
　逆らえない
人間の想像を超えた存在
人間にはできないことを一瞬間にして
　やってしまう
自然にとってはそれは当たり前のこと
　なのに人間が一面的な見方をして
　いるだけ

共通解

・ 自然 は人間が作りだせない
・ 自然 は大きい、すごい、強い
　↕ →何億年もかけてできた

人間…小さな世界 ⟷ 世界を知ったと
　　　　　　　　　　思い込んでいる

3 納得解と向き合う

必須発問②
授業を通して「自然の魅力」について新しく生ま
れた考えや、改めて学んだことは何だろう？

　キラウエア火山になったつもりで、人間に
メッセージを送る活動をする。キラウエア火山
になってみることで、人間を超えた存在の視点
から、人間を見つめなおす場を設定する。ワー
クシートに記入した後、自由に立ち歩いて多様
な意見に触れることができるようにする。終末
に本時の学びを振り返る時間を確保し、改めて
自然の力について考え、人間が自然の中で生か
されていることを自覚させたい。この振り返り
については学級通信を通して、生徒や家庭と共
有してもよいだろう。

よりよい授業へのステップアップ

ワードクラウドによる考えを可視

　ワードクラウドとは、文章中で出現
頻度が高い単語を複数選びだし、その
頻度が多いほど大きく図示する手法で
ある。道徳科授業で使用すると、友達
の考えを可視化できる利点がある。本
時では、無料の分析ツールである
「UserLocal テキストマイニング」を活
用した。

※ユーザーローカル テキストマイニングツール（https://
textmining.userlocal.jp/）で分析

銀色の
シャープペンシル

主題 心の弱さを乗り越える

D⑫よりよく生きる喜び

本時のねらい

　ありのままの人間は完全ではなく、だれもが
その弱さや醜さを克服したいと願う心をもって
おり、それを乗り越え、次に向かっていくとこ
ろに、人間の素晴らしさがある。中学生の時期
は、そうした弱さや醜さを自覚するとともに、
強さや気高さを理解することができるように
なってくる。

　主人公の「ぼく」は拾ったシャープペンシル
を自分のものだと嘘をつき、そっとロッカーに
返す。そして、持ち主の卓也からの電話によ
り、自分の「ずるさ」と向き合うこととなる。

　主人公の「ずるさ」は生徒が自我関与しやす
い内容であり、主人公を通して自分自身を客観
的に見つめさせ、「気高い生き方」をしていこ
うとする意欲や態度を高める。

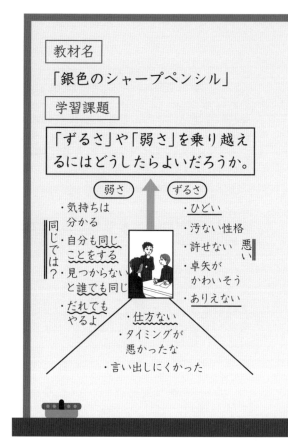

本時の展開 ▷▷▷

1 学習課題を設定する

必須発問①
主人公「ぼく」の「ずるさ」をみんなはどう思う
か。

　教材の内容を把握した後、主人公の「ずる
さ」はどんなところに見られるかを確認する。
そして、この主人公の「ずるさ」について自分
自身はどう思うかを話し合わせる。主人公の
「ずるさ」は生徒が自我関与しやすい内容であ
るため、批判的な考えとともに共感的な考えが
多く出されることが予想される。この段階で人
間理解をしっかりと深め、「こうした弱さを乗
り越えるにはどうしたらよいか」という学習課
題につなげていく。授業の始めから「ずるさ」
に視点を与えて授業の見通しをもたせる。

2 共通解を導き出す

中心発問
オリオン座を眺めながら主人公の「ぼく」はどん
なことを考えただろうか。

　主人公が生き方を変えるべく大きな決断をす
る場面である。オリオン座を眺めながら様々な
考えが駆け巡っている場面でもある。この主人
公の多面的・多角的な思いを、ミニホワイト
ボードミーティングや付箋紙を使ったブレイン
ストーミング、KJ法等のファシリテーション
を使いながら生徒に主体的に探究させていく。

　この段階では、価値理解の部分に焦点をあ
て、主人公がなぜ変わろうとしているのかを中
心に議論させていく。特に、自分の弱さを認め
ることの大切さに気付かせたい。

謝罪
・卓矢に申し訳ない
・あやまるべきだな
・卓矢は素直できれいだが、僕は汚ない

反省・後悔
・星に比べて俺は小さいな
・小さい人間だ
・何も得になることはない
・つまらないことをしてしまった
・違う方法があったかな
・何かはずかしいな

ずるい人間

オリオン座をながめて

どうするか

共通解
・自分の弱さをしっかり認めること
・だれもが小さな人間
・人間は変わることができる
・前に進む気持ちが大切

・変わらなくてはという決意をしている
・自分も清らかでありたい
・卓矢のようになりたい
・自分を変えるきっかけにしよう

希望

変化・決意

D 主として生命や自然、崇高なものとの関わりに関すること

3 納得解と向き合う

必須発問②
「ずるさ」を乗り越え、良心に従って生きていくためには何が必要だろうか。

2の話し合いを経て、展開の後半の段階で本時の学習課題である「ずるさ」という人間の弱さを乗り越えるにはどうしたらよいかをp4cのような対話を通して自由に語り合わせる。

この対話の中で「『ぼく』は卓也に何を話したのか」「自分自身の生き方と比べてどうか」「弱さを乗り越える力はどのようにして生まれるのか」というような焦点化された補助発問を意識的に投げかける。最後に振り返りの時間を設定し、学習課題に対する納得解をまとめさせるとよい。

よりよい授業へのステップアップ

人間理解への自我関与からの探究

この教材は、主人公の「ぼく」の「ずるさ」を中心に展開されている。したがって、授業も「ぼく」の人間理解を中心に展開される。生徒にとっては自我関与しやすい内容であるので、納得解と向き合う段階ではp4c（子ども哲学）という話し合いの形態をとり、生徒に自由に発言させ、生徒が主体的に探究することを大切にした展開にするとよい。また、生徒自身の生き方と比較させることにより、自分自身を見つめさせ、「ぼく」の学びを生徒自身の人生に生かせるようにしたい。

銀色のシャープペンシル
101

いつわりのバイオリン

主題 弱さの克服

D⑳よりよく生きる喜び

本時のねらい

　人間とは決して完璧なものではなく、誰しも心の弱さや醜さをもっているものだ。しかし、そんな弱さに負けず気高く生きようとする強い心もある。弱い心と気高い心の狭間で悩みながら、それでも自分の中で人として恥じない生き方をしていこうとすることに喜びを見いだしていきたい。バイオリン職人の主人公は、音に決して妥協をしない職人であった。苦労の末世界的に著名なバイオリニストから制作を依頼されるほど評判となり、たくさんの依頼が来るようになる。多くの注文に、納得のいく作品ができなかった彼は、弟子の作ったバイオリンに自分の名前のラベルを貼って渡してしまう。ある日その弟子からの手紙に涙する主人公。人はどのように生きるべきなのかを考える教材である。

> 共通解
>
> ○人は失敗しりこともあるが、「気高く生きる」ということは、どんなことが大切なのだろうか。
>
> ・人には弱さや醜さもあるが、同時に気高く生きようとする心も持っている。
> ・気高く生きるためには、弱い心を持ち合わせていることを知ると共に、輝きを失わないよう努めることである。

本時の展開 ▷▷▷

1 学習課題を設定する

必須発問①
ロビンの作ったバイオリンに自分の名前を貼ったとき、フランクはどんな思いだっただろう。

　まず二人の立場を明確にする。やむにやまれぬ状態に追い込まれてしまったフランクが悩んだ末に一線を越えてしまったことを考えさせたい。職人としての真面目さがあればこそ、妥協した作品を提出することができなかったことにも目を向けさせ、弱さと気高さ、両方をもち合わせていたことに注目させながら、生じているであろう心の叫びに注目させ、人間の気高さとはどのようなものなのか、なぜロビンは書き換えられた事実を知りながら、何もしなかったのか、2の中心発問につなげていきたい。

2 共通解を導き出す

中心発問
ロビンの手紙を読み、フランクは涙を流しながら、どんなことを考えていたのだろう。

　自分のことを恨むどころか、有名になった今でもフランクを師匠として尊敬し、その音を目標に頑張っているというロビンの手紙を読んで、ひどいことをしたにもかかわらず心配してくれる広い心を通して、もう一度原点に戻り、やり直しをしようと決意したフランクの思いについて考えさせたい。「フランクの涙」は何を意味しているのか、そして「人として気高く生きるとはどういうことなのか」という中心発問での問いへとつなげていきたい。

| 教材名 | 「いつわりのバイオリン」 |

学習課題

人間が気高く生きるためにはどのようなことが大切なのだろうか。

フランク
・バイオリンづくりに誠実・厳格

ロビン
・高い技術、フランクへの尊敬、憧れ

仕事を引き受けるフランクの挿絵

◆著名なバイオリストからの注文

野望（甘さ）⇕無理（冷静さ）

○ロビンのつくったバイオリンに自分の名前を貼ったとき、フランクはどんな思いだったのだろう。

バイオリンの挿絵

ロビンの手紙の挿絵

◎ロビンの手紙を読み、フランクは涙を流しながらどんなことを考えていたのだろう。

D

主として生命や自然、崇高な
ものとの関わりに関すること

3 納得解と向き合う

必須発問②
人は失敗することもあるが、「気高く生きる」ということとは、どんなことが大切なのだろうか。

主人公のフランクは苦し紛れに安易な方法を選択したが、職人としての意地が中途半端な妥協をせず、誤った行為に至った。良心があるからこそ苦しんでいるのであって、人間にはその両面があることに気付きながら、自分自身の弱さと強さに考えを向けていけるようにしたい。

この教材を通して自分自身の生活を振り返り、過去に良心の呵責に悩んだことなどがあればそれを振り返らせ、自分はどうあるべきだったのか、どうすべきなのかまとめられるとよい。

よりよい授業へのステップアップ

自己内対話を進めるために

道徳科では教材の中の登場人物に自分の姿を重ね、目指す価値について学んでいく。しかし気を付けないと他人事で終わってしまうこともある。そうならないために、終末で再度、学ぶべき価値について触れさせたい。そこで、教師による説話で締めくくることとした。人は誰しも弱い心をもっているが、同時にそれに負けまいとする心ももっている。そんな両面を、教師の自己開示によって示すことで生徒たちが考えるヒントとしていきたい。

いつわりのバイオリン

4

特別支援学級における
道徳科授業の展開

特別支援学級における道徳科授業のポイント—個別の支援に徹する

　特別支援学級では、生徒の実態に合わせて教育課程を編成することができる。生徒の実態が「自己を見つめ、物事を多面的・多角的に考え、自己の生き方について考えを深める」という道徳科の特質を踏まえた授業が実施できる場合、通常の学級のように道徳科の授業時間を設置する。これは特別支援学級において各教科や道徳科等の授業時間を設ける「教科等別の指導」と呼ばれる指導の形態となる。

　特別支援学級で、通常の学級のように道徳科の授業時間を設置した場合、留意すべき点がある。それは、特別支援教育で原則となる「個に応じた指導」を常に念頭に置き、生徒に合わせた授業を実施する必要があることである。特別支援学級の生徒が抱える障害の特性や実態は様々であり、複数学年が在籍することも多いからである。ここでは、次の３つの視点から述べる。

1 「生徒の実態に合った教材」を使用する

　道徳科授業では、特別支援学級の生徒に適した教材を使用する必要がある。中学校の教科書教材には、生徒が理解するには文章が長すぎるもの、内容が複雑なもの、実感をもって考えづらいものもある。生徒が理解できない教材であれば、授業は成立しない。

　特別支援学級では、生徒の実態に応じて下学年の教材を使用することもできる。中学校教科書だけではなく、小学校教科書を使用することもできる（本時案に学年を記載）。

　道徳科授業では、教材理解に時間をかけずに、教材をもとにして本当に考えたい問題に時間をかけて取り組みたい。また、生徒の姿をイメージしながら、実態に応じた適切な教材を選択したい。

2 「個に応じたねらい」を明確にする

　特別支援学級の生徒が抱える障害の特性や状況は様々である。生活体験も生徒個々によるばらつきも大きい。同一学級に複数の学年の生徒が在籍していることも多い。こうした状況を踏まえ、道徳科授業では、生徒個別の道徳性の育成を目指すことが大切となる。

　道徳性とは、道徳的判断力、道徳的心情、実践意欲と態度を指す。通常の学級の道徳科授業では、一律に同じ道徳性がねらいとされるが、特別支援学級では、生徒に応じてねらいとする道徳性を設定する必要がある（本時案で「※」と記載）。

3 「個に応じた具体的な支援」を明確にする

　道徳科授業が成立するためには、生徒が抱える個別の困難さを理解し、授業の中での具体的な解決方法を考え、支援していくことが必要となる。生徒の実態を考え、子供たちに合わせた授業を構想するのである。この個別の支援に徹することで、特別支援学級での道徳科授業が成立させることができる（本時案で「◆」と記載）。

①文章を目で追うことが苦手な生徒
○本文を指でなぞりながら文章を読む。
○介添員さんが文章を指で指し示しながら一緒に確認しながら読む。
○文字を拡大した教材や、分かち書きした教材を準備する。

→言葉や話のまとまりで分かち書きをする
と理解しやすいものになる。

資料1　表情絵

②場面イメージを想像するのが苦手な生徒

○教科書のさし絵を拡大して掲示する。

→集中力が持続できない生徒が、黒板のさ
し絵を見に行き気分転換を図ることもで
きる。

○事前に教師が登場人物となり教材での考え
るポイント部分を演じた映像を作成する。

→映像の登場する人物が知っている教師で
あることから生徒の興味が引かれる。

③取り組むことが分からなくなってしまう生徒

○取り組む学習内容を文字で黒板に掲示す
る。

→黒板に「考える」という文字を掲示して
本時で一番考えてほしい内容を明らかに
する。

○取り組んでいる内容を随時黒板にマークで示す。

資料2　短文カード

④感情理解が苦手な生徒

○教科書のさし絵を拡大して掲示する。

→登場人物の表情から、登場人物の心情をつかみ取りやすくなる。

○動作化などの体験活動を行う。

→体験後に生徒は様々な思いを感じる。スキル習得のための体験にしてはならない。

○感情を表したイラストの「表情絵」（**資料1**）を活用して感情を理解する。

→「表情絵」を見ながら、登場人物の気持ちを理解していく。

⑤常に発言をしてしまう生徒

○発表者にはマイクなどの小道具を渡す。

○発表のルールを掲示し、必要に応じて確認する。

⑥感情表現が苦手な生徒

○感情を表したイラストの「表情絵」を活用する。

→自分の気持ちに合う「表情絵」を選び、それを見ながら自分の気持ちを文字化できる。

○書き消ししやすいホワイトボードを活用する。

→ホワイトボードを自席で記入し、黒板に掲示して発表できるようにする。

○「短文カード」を活用する（**資料2**）。

→「短文カード」から行動や気持ちを選び、言語化の手助けにする。黒板やホワイトボードに掲示
することもできる。

○口答を拾い上げて言葉をつなぐ。

教材名　　出典：東書（小学校 4 年）

ひびが入った水そう

主題　明るい心で

A（2）正直、誠実

本時のねらい

　毎日を明るい心で元気よく過ごすには、自分自身に正直であることの心地よさを感じ、嘘やごまかしなく、よりよい関係を築いていくことが大切である。一方で、過ちや失敗は誰にでも起こりうることであり、そのときの嘘やごまかしはやがて後悔や自責の念に変わる。

　本教材は、主人公のけい太が水槽をきれいにしようとして誤ってひびを入れてしまい、正直に言うかどうか葛藤するという内容である。

　過ちを犯してしまったときのなかなか言い出せない心の弱さと向き合いながら、正直に生きることで、明るい心で伸び伸びと生活しようとする心情を育てたい。

※**全体としての本時のねらいは示すが、ねらいとする道徳性を個に応じて設定したい。**

本時の展開 ▷▷▷

1 学習課題を設定する

必須発問①
失敗をしてしまったとき、どんな気持ちになったか振り返ろう。

　書き消ししやすい発表用ホワイトボードを活用し、日常生活で、自分の行動によって「失敗してしまった」ことや、そのときの気持ちをまとめる。「失敗」という言葉だと大きく捉えがちになる場合には、「うっかり○○しちゃったこと」という問いかけにする。「無くしちゃった」「壊しちゃった」など、日常の生活場面を思い出しながら、自分自身を振り返る。失敗した場面での自分の気持ちを引き出しながら、行動と気持ちのつながりを意識付けて、本時の学習課題につなげる。

2 共通解を導き出す

中心発問
失敗したとき、本当に正直に行動できるのか考えてみよう。

　正直に行動することは大切であるが、失敗を怒られるというという気持ちもある。この二つの思いをきちんと葛藤させる。気持ちを表す心情絵を活用しながら、内面の気持ちの変化が視覚的に捉えやすいようにする。特に心情に向き合う場面では、表情のみを拡大した挿絵を掲示し、内面に迫る工夫とする。誰にも言えずに一晩過ごすことで感じる思いを心情絵で確認し、中心発問でじっくりと考えを深められるようにする。この先も伝えないままでいる気持ちを生徒に問いかけることもできる。

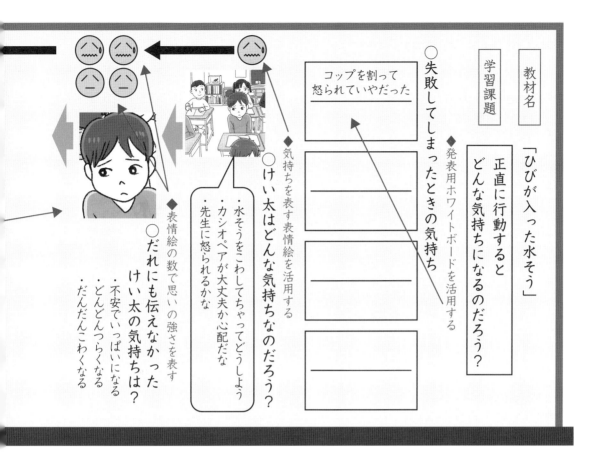

教材名 「ひびが入った水そう」

学習課題 正直に行動するとどんな気持ちになるのだろう？

◆発表用ホワイトボードを活用する

○失敗してしまったときの気持ち

コップを割って怒られていやだった

◆気持ちを表す表情絵を活用する

○けい太はどんな気持ちなのだろう？

・先生に怒られるかな
・カシオペアが大丈夫か心配だな
・水そうをこわしてちゃってどうしよう

◆表情絵の数で思いの強さを表す

○だれにも伝えなかったけい太の気持ちは？

・不安でいっぱいになる
・どんどんつらくなる
・だんだんこわくなる

3 納得解と向き合う

必須発問②
自分の行動を振り返り、気付いたり考えたりしたことをまとめよう。

　中心発問で導き出した共通解をもとに、導入部で記入したホワイトボードを再度活用して、自分の気持ちをじっくり振り返る時間とする。過去の自分の失敗した経験で感じた思いを目にしながら、今の自分が考える気持ちをまとめる。ペンの色を変えて書き加えることで、授業後の思いと視覚的に区別が付けやすくなり、自分の変容に意識が向けることができる。自分の過去の行為の反省する授業とならないように、自分事として考えるために、自分の過去の失敗体験を活用できるように留意する。

よりよい授業へのステップアップ

◆表情絵の活用…心情を表す際、表情絵の数で気持ちの大きさを表す。表情絵の枚数を増やすことで、視覚的に気持ちの大きさを捉えられるようにする。表情絵を矢印でつなぐことによりと、生徒は心情の変化を捉えやすくすることもできる。

◆発表用ホワイトボードの活用…書き消ししやすいホワイトボードを活用し、ペンの色を使い分けることで、記載内容を視覚的に区別する。

◆文字表示「考える」…黒板に生徒が行う学習活動を明示する。

「ありがとう上手」に

主題 ありがとうの力

B⑺思いやり、感謝

本時のねらい

　人は互いに助け合い、協力し合って生きている。目に見える支えもあれば、陰ながらの支えもあり、そうした存在や行動に気付くことが感謝の心や思いやりの心につながる。心を伝える言葉のひとつに「ありがとう」がある。本時は、この言葉のもつ力について考える機会としたい。本教材は、旅先で耳にした「ありがとう」という言葉に感心し、うまく思いを伝えられなかった主人公が、「ありがとう」という言葉について思いを深めている。

　「ありがとう」という言葉で、相手に気持ちが伝わる。思いやりに気付き、感謝の気持ちを素直に表そうとする実践意欲を育てる。

※**全体としての本時のねらいは示すが、ねらいとする道徳性を個に応じて設定したい。**

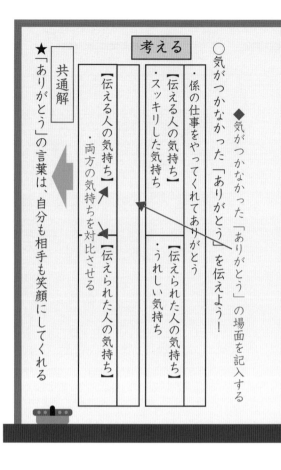

本時の展開　▷▷▷

1 学習課題を設定する

必須発問①
「ありがとう」の言葉をどのような場面で使っているか考えよう。

　教材名の一部にも使われている「ありがとう」という言葉は、生徒たちにとってもとても身近な言葉である。日常生活でも、その言葉のもつ意味を深く考えることなく、自然と出てくる言葉でもある。本時の学習課題に迫るための導入として、生徒に「ありがとう」という言葉を今日は使ったかどうかを問いかける。次に、日常的に「ありがとう」の言葉が使われている場面を具体的に振り返りながら、日常生活の中で「ありがとう」という言葉を使用している場面のイメージを広げていく。

2 共通解を導き出す

中心発問
今まで気付かなかった「ありがとう」を伝えると、どんな気持ちになるのか考えてみよう。

　教材の主人公の言葉「当たり前として受け流しているんじゃないかということに気づいた」に注目し、どんな当たり前が「ありがとう」につながるのかを考える。場面を学級に限定することで、生徒がイメージをもちやすいようにする。学級内で実際に「ありがとう」の言葉を伝えるとどんな気持ちになるかを、伝える人、伝えられる人の両方の心情を考える。自分が当たり前と思っていたことが、「ありがとう」という言葉により、新たに抱く感情をヒントに共通解に導く。

教材名　「ありがとう上手」に

学習課題　「ありがとう」の言葉には
どんな力があるのだろう？

◆挿絵を活用することで、視覚的に場面をイメージできるようにする

・手伝ってもらったとき
・何かをやってもらったとき
・お祝いの言葉を言われたとき

ありがとう

○なぜバスを降りるときに「ありがとう」と言うのだろう？
・安全運転で走ってくれたから　・感謝の気持ち
・言うのが当たり前になっているから

○「ありがとう」を言われた運転手さんはどんな気持ちだろう？
・うれしい気持ち
・明日も頑張ろうと思う気持ち　◆気持ちを表す表情絵を活用する

◆この授業で一番考えてほしいところが分かるようにする

---

3 納得解と向き合う

必須発問②
どんな場面で「ありがとう」の言葉を伝えていきたいか考えよう。

　中心発問で確認した当たり前と考えていたことが「ありがとう」の言葉により生まれる新たな感情を振り返りながら、さらに場面イメージを広げていく。学級だけではなく、学校、家庭や地域など、他の場面でも、自分が気付かなかった「ありがとう」はないかをじっくり考え、自分なりの思いや考えを、もてるようにする。「『ありがとう』に一言付け加えるなら？」と具体的に考えることで、さらに相手を大切に思う気持ちへとつなげ、自分の気持ちを伝えたいという実践意欲を育みたい。

よりよい授業へのステップアップ

◆挿絵の活用…教材の文章の中では触れられていないあいさつの場面も挿絵となっている。生徒は言葉で説明されなくとも、イメージできるはずである。挿絵による視覚化は、短時間で多くの情報を生徒に伝えることができる有効な手段である。

◆体験活動の活用…生徒が実際の体験から感じた思いは新鮮で、思いを言語化しやすくなる。道徳科授業での体験は、スキルを身に付けることが目的ではないことを改めて確認しておきたい。

編著者・執筆者紹介

[編著者]

田沼　茂紀（たぬま　しげき）　　　　　　國學院大學教授

[執筆者] ＊順不同、所属は令和4年2月現在

		[執筆箇所]
田沼　茂紀	（前出）	はじめに、第1章、第2章
山田　貞二	岐阜聖徳学園大学准教授	私らしさって？／バスと赤ちゃん／「看護する」仕事／銀色のシャープペンシル
深川　智史	北海道岩見沢市立光陵中学校教諭	裏庭での出来事／学習机／靴
山田　将之	岩手県盛岡市立上田中学校教諭	山に来る資格がない／班での出来事／本が泣いています／むかで競争
浅部　航太	北海道立教育研究所研究研修主事	「養生訓」より／親友／自分だけ「余り」になってしまう……／全校一を目指して
星　美由紀	福島県郡山市立郡山第五中学校教諭	自分の性格が大嫌い！／言葉の向こうに／郷土を彫る／火の島
中山　芳明	京都市立藤森中学校教諭	トマトとメロン／傘の下／古都の雅、菓子の心
増田　千晴	愛知県犬山市立犬山中学校教諭	風を感じて―村上清加のチャレンジ―／仏の銀蔵／違いを乗り越えて
林　智子	千葉県流山市立おおたかの森中学校教諭	夢を諦めない―「ねぶた師」北村麻子―／席替え／たとえぼくに明日はなくとも
山﨑　晃	長野県大町市立大町南小学校長	六十二枚の天気図／魚の涙／捨てられた悲しみ
大舘　昭彦	千葉県流山市立北部中学校長	人のフリみて／富士山から変えていく／木の声を聞く／いつわりのバイオリン
新井　紀美	千葉県流山市立おおたかの森中学校教諭	特別支援学級における道徳科授業のポイント／ひびが入った水そう／「ありがとう上手」に
笠井　善亮	千葉県流山市立東深井小学校長	特別支援学級における道徳科授業のポイント／ひびが入った水そう／「ありがとう上手」に

板書で見る全時間の授業のすべて
特別の教科 道徳 中学校１年

2022（令和４）年３月20日　初版第１刷発行

編 著 者：田沼　茂紀
発 行 者：錦織　圭之介
発 行 所：株式会社東洋館出版社
　　　　　〒113-0021　東京都文京区本駒込５丁目16番７号
　　　　　営 業 部　電話 03-3823-9206　FAX 03-3823-9208
　　　　　編 集 部　電話 03-3823-9207　FAX 03-3823-9209
　　　　　振　　替　00180-7-96823
　　　　　Ｕ　Ｒ　Ｌ　https://www.toyokan.co.jp

印刷・製本：藤原印刷株式会社

装丁デザイン：小口翔平＋後藤司（tobufune）
本文デザイン・イラスト：藤原印刷株式会社

ISBN978-4-491-04787-4　　　　　　　　　　Printed in Japan